성령의 은사

Copyright ⓒ 1981 by The Kathryn Kuhlman Foundation
Originally published in English under the title

"Gifts of the Holy Spirit"

by The Kathryn Kuhlman Foundation
Pittsburgh. PA 15230 U.S.A.
Korean Copyright ⓒ 2002 by Grace Publisher
#178-94 Soongin 2 dong Jongro-gu Seoul, Korea
All rights reserved

성령의 은사

Kathryn Kuhlman

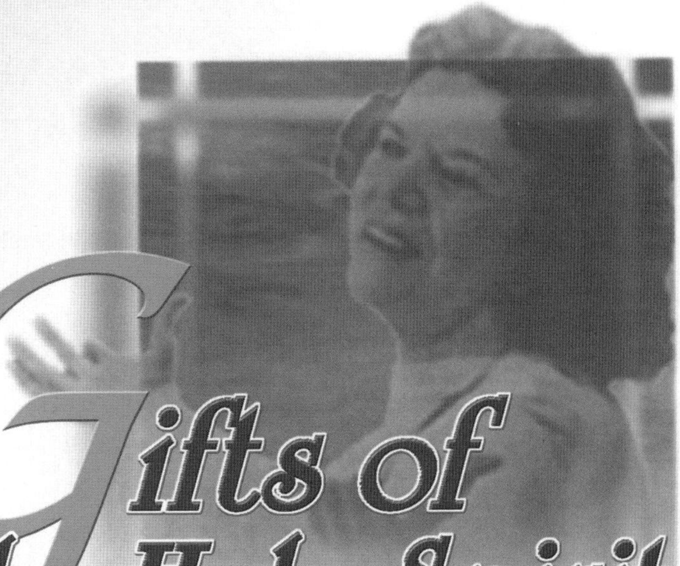

Gifts of the Holy Spirit

Grace
은혜출판사

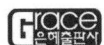

CONTENTS

성령에 대하여 · 7

제 1 장 하나님의 은사의 목적 · 13
제 2 장 내 영광을 다른 자에게 주지 아니하리라 · 21
제 3 장 주께서 이렇게 말씀하신다 · 27
제 4 장 성령; 인격인가 은사인가? · 33
제 5 장 은사(gift)는 선물(present)입니다 · 41
제 6 장 그리스도의 주권 · 55
제 7 장 지혜의 은사 · 63
제 8 장 믿음의 은사 · 69

CONTENTS

제 9 장 기적의 은사 · 79

제 10 장 방언의 은사 · 103

제 11 장 예언의 은사 · 127

제 12 장 영분별의 은사 · 135

제 13 장 예수를 보라! · 145

제 14 장 우리의 위대한 대제사장 · 153

제 15 장 하나님의 비밀 · 161

제 16 장 나의 것은 아무것도 없으며, 모든 것이 당신 것입니다 · 171

성령에 대하여

성령은 하나님의 영입니다. 그분은 성경을 쓰게 하기 위하여 옛 성도들에게 숨결을 불어 넣으셨습니다. 그분은 사람들에게 빛을 주시고 진리를 깨닫게 하실 수 있습니다. 그분은 그리스도를 높이십니다. 그분은 죄와 의와 심판에 대해서 죄를 인정하도록 하십니다. 그분은 사람들을 구세주께로 부르시고 사람들이 거듭나도록 영향을 미칩니다. 그분은 그리스도인의 품성을 함양시키고 믿는 자들을 격려하며 또한 위로하십니다. 성령의 은사를 주시고 그것으로 사람들이 교회를 통하여 하나님을 섬기도록 합니다.

그분은 마지막 구속의 날을 위해서 신자들에게 인을 치십니다. 그리스도인들 가운데 있는 그분의 임재는 하나님이 주시는 보증이며, 그리스도의 장성한 분량에 이르기까지 신자들을 충만케 해주시기 위해서 주시는 것입니다.

그분은 신자와 교회에 대하여 예배와 전도와 봉사에서 빛과 권능을 주십니다.

"형제들아 신령한 것에 대하여 나는 너희가 알지 못하기를 원하지 아니하노니 너희도 알거니와 너희가 이방인으로 있을 때에 말 못하는 우상에게로 끄는 그대로 끌려 갔느니라 그러므로 내가 너희에게 알리노니 하나님의 영으로 말하는 자는 누구든지 예수를 저주할 자라 하지 아니하고 또 성령으로 아니하고는 누구든지 예수를 주시라 할 수 없느니라 은사는 여러 가지나 성령은 같고 직분은 여러 가지나 주는 같으며 또 사역은 여러 가지나 모든 것을 모든 사람 가운데서 이루시는 하나님은 같으니 각 사람에게 성령을 나타내심은 유익하게 하려 하심이라 어떤 사람에게는 성령으로 말미암아 지혜의 말씀을, 어떤 사람에게는 같은 성령을 따라 지식의 말씀을, 다른 사람에게는 같은 성령으로 믿음을, 어떤 사람에게는 한 성령으로 병 고치는 은사를, 어떤 사람에게는 능력 행함을, 어떤 사람에게는 예언함을, 어떤 사람에게는 영들 분별함을, 다른 사람에게는 각종 방언 말함을, 어떤 사람에게는 방언들 통역함을 주시나니 이 모든 일은 같은 한 성령이 행하사 그의 뜻대로 각 사람에게 나누어 주시는 것이니라"(고전 12:1-11)

성령의 은사
(Gifts of the Holy Spirit)

제 1 장

하나님의 은사의 목적

제 1 장 하나님의 은사의 목적

우리가 지금까지 배워온 교훈들 중에서도 가장 흥미깊고 유익한 교훈의 하나를 함께 공부해 보기로 하겠습니다. 이 성령의 은사에 대한 공부에 들어가면서 여러분의 성경책을 펴시고 또 마음을 열고, 성령께서 친히 우리의 스승이 되어 주시도록 허락해 드리십시오. 그리스도인으로서의 삶이 성공하며, 열매를 맺고 승리하는 열쇠를 가지고 계시는 분은 성령님이시며, 그분의 은사를 통하여 우리는 하나님의 아들이신 예수 그리스도께 영광을 돌려 드리는 것입니다.

성령의 은사라는 주제에 대하여, 오늘날 우리는 두 가지의 극단에 직면하고 있습니다. 무엇보다 우선적으로, 그것을 남용하는 것입니다. 성령의 초자연적인 권능을 잘못 적용했기 때문에 성령의 놀라우신 역사에 대해 다른 사람들의 비난을 초래하게 한 사람들이 있습니다.

이 가르침에 관하여 생겨나는 열광(fanaticism)의 예는 우리들 중 대부분의 사람들이 열거할 수 있는 것입니다. 그리고 이 가르침의 지나친 남용으로 인해 평균적인 하나님의 자녀들이 그것을 무시하고 있다는 것과 그리고 은사에 대한 하나님의 말씀의 가르침을 모르고 있다는 사실입니다.

자신은 열광적인 사람으로 인식되고 싶지 않기 때문에, 혹은 많은 사람들과 마찬가지로 극단으로 치닫고 있다고 여겨지고 싶지 않기 때문에, 평균적인 그리스도인들은 성령의 은사에 대한 하나님의 말씀의 가르침으로부터 몸을 사리게 되는 것입니다.

여러분이 반드시 이해해야 할 것이 있는데, 성령의 은사는 섬김을 위한 능력(capacity)이라는 사실입니다. 그것은 섬김을 위해서만 주어지는 것입니다. 바울은 고린도전서 12장에서 몇 가지 은사의 명칭을 열거했지만 나는 여기서 가장 중요한 사실을 말씀드리고 싶습니다. 우리는 언제나 성령의 아홉가지 은사에 대해서 이야기합니다. 은사의 종류는 아홉가지이며 그것 이상은 없다는 사실을 우리는 받아들이고 있습니다.

왜 우리는 은사는 그것 아홉가지 뿐이라고 당연하시하며 받아들이는 것일까요?

그다지도 신속하게 하나님을 제한해 버리는 이유는 무엇 때문입니까?

하나님께서 주시는 것은 결코 고갈하는 법이 없는데, 단지 아홉가지 은사로만 하나님을 제한하지 말아 주십시오. 바울은 고린도에 있는 성도들에게 써보낸 편지들 가운데서 아홉가지 은사를 열거했습니다.

성령의 은사는 "그(성령)의 뜻대로 각 사람에게"(고전 12:11) 나눠주시는 것입니다.

하나님의 안목으로 보면 우리는 한 사람 한 사람 다르게 보이며, 하나님은 우리 자신들 이상으로 우리를 잘 알고 계십니다. 그리고 하나님의 자녀인 우리 개개인에게 적합한 은사를 주시는 것입니다.

우리는 우리가 살고 있는 이 시대를 매우 현대적이고 매우 진보한 시대라고 생각합니다. 그러나 사도 바울은 교회가 오늘날 직면하고 있는 모든 문제들을 많은 사람들이 하는 것처럼 다루지 않았습니다. 즉, 오늘날 많은 사람들이 성령의 은사에 대한 무지함뿐만이 아니라, 성령에 대한 무지함도 포함하고 있습니다. 우리에게는 하나님의 이 세 번째 위격이신 분에 관한 바르고 건전한 성경적 가르침이 필요합니다. 그러므로 하나님의 말씀의 사역에서 매우 중요한 이 세 번째 위격이신 성령의 인격과 이 주제를 진지하게 공부해 보도록 합시다. 그것은 우리들 한 사람 한 사람이 섬김 가운데서 책임지게 될 역할을 발견할 수 있도록 하기 위해서입니다.

기억해 주십시오. 성령은 단 한분입니다! 그분은 그릇을 채우시고 성령으로 세례를 주시는 동일하신 세 번째 위격의 하나님입니다.

이분은 자신이라는 놀라운 은사와는 별도로 다양한 은사를 주십니다.

고린도 교회 안에서, 많은 무질서와 혼란이 발견

된 것과 완전히 동일하게, 성령에 관한 사실이 많이 잘못 사용되어 왔습니다. 이것은 그 당시나 지금이나 마찬가지입니다. 그것은 성령의 위격과 그분의 은사에 대해 근본적으로 오해하고 있는 것에 기인합니다.

미주리 주 콘코디아에 있는 감리교회.
14세 때 캐트린은 이 교회에서 거듭났다.

제 **2** 장

내 영광을 다른 자에게
주지 아니하리라

제 2 장
내 영광을 다른 자에게 주지 아니하리라(사 42:8)

만일 여러분이 좀 신중하시다면, 만일 "성령의 역사"라는 라벨이 붙어있는 어떤 것들에 대해서 참으로 받아들이지 않게 된다면, 내가 여러분에게 줄 수 있는 최고의 규범 가운데 하나는 "성령은 언제나 예수님께만 영광을 돌리시며 언제나 예수님만을 알리시며, 언제나 예수님만을 높여 드린다"는 사실입니다!

성부와 성자와 성령께서 인간을 구원하시기 위한 계획을 세우셨던 탁자에 나도 함께 할 수 있었다면… 하는 바램을 나는 몇 번이나 품었던 적이 있습니다.

거기서는 예수님의 입으로부터, 그분께서 오셔서 친히 인간의 모습을 취하려고 하시는 것을 들을 수 있었을 것입니다. 그 삼위일체의 세 위격 모두가 우리의 구원을 위해 중요한 역할이 있었습니다. 성령께서 다음과 같이 말씀하시는 것을 들을 수 있겠지요.

"나는 지상에서, 또 사람들 마음 속에서 예수께 영광을 돌리는 사역에 초점을 맞추겠습니다"라고 말씀하시는 것을 말입니다.

성령은 가장 위대하신 후원자(promotor)이시며 오직 한 분만을 높여드리는데, 그분은 예수 그리스도, 살아계신 하나님의 아들입니다.

여러분이 제가 말하는 다른 것들을 기억하지 못해도, 나의 다른 어떤 메시지도 읽지 않았을지라도, 살아있는 한 다음의 것을 기억해 주십시오.

성령께서 자신의 권능을 나타내고 있을 때, 그분은 누군가 다른 사람이 아니라, 언제나 예수님을 높이며, 예수님께 영광을 돌리신다는 것입니다.

종교적인 사역에서도 이 세상에서 무엇이든 자기가 영광을 받기 위해서 하는 사람들을 우리는 모두 보고 있습니다. 성령께서 개인에게 영광을 주는 경우는 없습니다. 결코 없습니다!

성령께서 영광을 주시는 분은 예수님이시며, **"내가 땅에서 들리면 모든 사람을 내게로 이끌겠노라"**(요 12:32)고 말씀하신 것은 예수님 자신이셨습니다.

위대한 영적 거인인, 바울은 이것을 완전히 이해하고 있었습니다. 그가 말한 것들 가운데서 가장 의미깊은 것 중 하나는 디모데전서 1장 15절에서 발견됩니다.

"그리스도 예수께서 죄인을 구원하시려고 세상에 임하셨다 하였도다 죄인 중에 내가 괴수니라"

바울은 여러 가지 위대한 계시를 받고, 여러 가지 놀라운 경험을 해왔음에도 불구하고, 또 그가 하나님께 대한 빛나는 지식을 가지고 있음에도 불구하고, 그는 자신을 가장 작은 자, 죄인 중의 괴수로 간주했습니다. 그는 자기 자신을 아무것도 아니라고 인식하고는 자신을 위해 제국을 건설하려고 하든가, 결코 자신을 높이려고 하지 않았습니다.

그리고 예수님께서 높이 들리워졌을 때 사람들의 삶은 하나님의 권능으로 영광스럽게 변화받았습니다. 바울 사역의 비밀이 거기에 있고, 또 오늘날 주 예수 그리스도를 위한 개인적인 간증이 거기에 있습니다.

제 3 장

주께서 이렇게 말씀하신다

제3장
주께서 이렇게 말씀하신다

기록된 하나님의 말씀만큼 강력한 것은 아무것도 없습니다. 내가 말하는 것과 성경이 가르치는 것이 다르다면 언제나 성경이 옳은 것입니다. 이 세상에서 가장 어려운 것은 인간이 그때까지 가지고 있던 생각으로부터 떠나 하나님의 말씀으로 되돌아 가는 것은 아닐까 하고 때때로 나는 생각합니다. 어느 교파에 속했는가에 관계없이 그리스도인임을 고백하는 모든 사람들이 "주께서 이렇게 말씀하신다"고 하는 하나님의 말씀으로 돌아서는 날은 놀라운 날이 될 것입니다.

우리에게는 너무나도 많은 교회학이 있고, 너무나도 많은 이론이 있으며, 너무나도 많은 신조가 있습니다.

너무나도 많은 인간의 교리가 있지만 "주께서 이렇게 말씀하신다"라고 하는 하나님 말씀은 너무나도 적습니다.
　전에 제가 했던 이야기를 반복해서 말씀드리고 싶습니다. 오직 단 한 분의 성령께서 계실 뿐이라는 것입니다. 만일 내가 이 사실을 지나치게 강조한다고 생각되었다면, 제가 여기서 거론하는 경험은 이해하는데 도움이 될 것입니다.

　언젠가 내가 많은 회중들 앞에 서 있었을 때, 성령께서 이 그릇을 사용해주시고, 흙으로 만들어진 입술을 통하여 성령께서 말씀하시며, 나는 나의 몸에 임하신 성령의 기름부으심을 매우 분명히 의식하고 있었습니다. 성령은 사람들이 그리스도를 받아들일 준비를 하도록 사람들의 마음을 형성(mold)하고 계셨습니다.
　그때 갑자기 그 청중들 가운데 있는 누군가에 의해서 방해가 일어났습니다. 한 사람이 방언을 말하기 시작하고 또 개인적인 간증을 시작하여 사람들의 마음을 분산시켜 버린 것이었습니다.

제가 하는 말을 들어보십시오! 단 한 분의 성령이 계실 뿐입니다.

성령은 누군가의 그릇을 통하여 영원한 생명에 대한 메시지를 시작하는 것으로서 친히 행하고 계시는 것을 방해하시는 경우는 없습니다. 그 그릇이 말을 마친 후라면 그것은 전혀 별개의 문제입니다. 왜냐하면 "여러가지 은사를 나누어 주시고"(고전 12:11)라고 성경이 말씀하고 있기 때문입니다.

또한 우리는 모두 한몸에 속한 지체들이기 때문입니다. 그렇지만 모든 것을 **"품위 있게 하고 질서 있게"**(고전 14:40) 해야 한다는 것을 기억해 둡시다.

하나님은 혼란과 무질서의 하나님이 아니고, 평화와 조화의 하나님이시며 자기 백성들을 가르치시고, 교훈하시며 격려해 주시는 분이십니다.

덴버 시절, 피아노 연주자였던
헬렌 클리포드(좌)와 캐트린 쿨만.

제 4 장

성령: 인격인가 은사인가?

제 4 장
성령; 인격인가 은사인가?

성령 은사에 대한 하나 하나의 배움에 토대를 놓으면서 분명히 해 두어야 할 것이 있습니다. 한 가지 혹은 그 이상의 성령의 은사를 받는 것과 성령으로 충만되는 그 놀라운 체험은 서로 다르다는 사실입니다.

성령으로 충만되는 그 놀라운 체험(어쩌면 당신은 그것을 성령 세례라고 부를 것입니다)에 대해서, 그것은 거듭나는 것과는 구별된, 별개의 명확한 영적 체험이라는 것을 언제나 기억해 주십시오. 만일 당신이 그리스도의 몸의 일부라면 이 체험은 바로 당신을 위해서 있는 것입니다.

당신이 어느 교파에 속해 있으며, 어느 교회에 다니는가 하는 것은 관계가 없습니다. 거듭나서 그리스도의 몸안에 있다면 성령으로 충만되는 이 놀라운 체험은 당신이 상속받는 것들 중의 일부입니다.

사도행전 2장을 펴 주십시오. 성령께서 임하셔서 사람들이 모두 성령으로 충만해졌을 때, 그 다락방에서의 놀라운 체험에 대해서 읽을 수 있습니다. 그때 베드로는 성령의 기름부으심 아래 예루살렘에 모인 유대인과 경건한 사람들에게 말했습니다.

"너희가 회개하여 각각 예수 그리스도의 이름으로 세례를 받고 죄 사함을 받으라 그리하면 성령의 선물을 받으리니 이 약속은 너희와 너희 자녀와 모든 먼 데 사람 곧 주 우리 하나님이 얼마든지 부르시는 자들에게 하신 것이라"(행 2:38-39)

성령께서는 베드로의 입을 통하여 말씀하시고 성령으로 충만케 되는 이 체험은 초대교회만을 위한 것이라고 누군가가 언급하는 일이 없도록 하기 위해서 매우 신중하게 그것을 분명히 하셨습니다.

성령은 이 약속을 매우 포괄적인 것으로 하셨습니다. 왜냐하면 "**이 약속은 너희와 너희 자녀와 모든 먼 데 사람 곧 주 우리 하나님이 얼마든지 부르시는 자들에게 하신 것이라**"고 말씀하시기 때문입니다. 만일 당신이 그리스도인으로서 부르심을 받았다면, 만일 하나님의 상속인 또 예수 그리스도와의 공동 상속인으로서 부르심을 받았다면 당신은 성령으로 충만케 되도록 부르심을 받은 것입니다.

여러분들 가운데 많은 사람들은 영적으로 야위고 쇠약해 있으며 거의 반쯤 기아상태에 있습니다. 여러분이 다른 사람들에게 영향을 미칠 수 없는 것은 전혀 이상한 일이 아닙니다. 사람들이 여러분을 보고 "그리스도인이 되는 것이 저런 것이라면 나는 되고 싶지 않습니다. 왜냐하면 기쁨도 능력도 생명도 전혀 없으니까요"

그리스도인으로서의 당신에게 예수님이 소유할 수 있게 해 주신 것을 당신이 모두 소유할 때 당신은 당신의 상속분을 즐기게 되고 전세계에서 가장 행복한 사람이 되는 것입니다. 그러므로 나아가서 당신이 소유해야 하는 것을 지금 소유하기 시작하십시오!

그리스도인으로서의 여러분의 삶에 슬픔도 낙담도 없다고 내가 말하고 있는 것으로 오해하여 생각지 말아 주십시오. 여러분이 결코 아프게 되는 경우는 없다고 말하는 것은 아닙니다. 우리들 가운데 병에 걸리지 않는 사람은 단 한 사람도 없습니다. 우리 가운데 슬픔이나 비탄, 낙담을 면제받을 사람은 단 한 사람도 없습니다. 실제 우리에게는 여러 가지 문제가 있을 뿐만 아니라, 어려움도 있다고 예수님은 말씀하셨습니다.

그러나 그럼에도 불구하고 우리는 승리할 수 있습니다. 우리는 우리 안에 흔들릴 수 없는 확신을 가질 수 있습니다. 하나님은 우리가 모든 문제들을 극복할 수 있도록 성령의 인격을 통하여 권능을 주셨습니다.

그 문제들이 우리를 패배시키지 못합니다. 우리의 삶 가운데서 발생하는 여러 가지 불행에 대해서 우리는 승리할 뿐만 아니라, 우리를 사랑하시는 그리스도를 통하여 넉넉히 압도적으로 승리합니다.

우리는 내적인 기쁨을 소유하게 되고, 하나님의 허락하심 없이는 어떤 일도 우리에게 일어나는 것은 없다는 것을 알고 우리는 확신을 갖게 됩니다.

우리의 인생에서 무엇이 일어날지라도 그것을 영적성장과 진보를 위해 그리고 그것을 하나님의 영광을 위해 사용할 수 있다고 하는 확신 가운데 우리는 안식할 수가 있습니다.

구원받지 못한 사람도, 하나님의 자녀들도, 동일한 문제들에 직면하게 될지도 모릅니다. 그리고 동일한 상황에 직면할지도 모릅니다.

구원받지 못한 사람들은 그 상황에 패배하게 될 것입니다. 그렇지만 그리스도인의 삶 가운데서는 동일한 상태에서도 그것은 하나님의 영광을 위해, 그리고 그 사람을 강하게 하는 영적 성장을 위해 사용되는 것입니다. 제가 믿고 있는 것은 그런 종류의 구원이며, 그런 종류의 영성입니다. 그것은 매일의 일(position)이며, 매일 매일의 걸음이며, 그리고 그것은 그렇게 역사하는 것입니다!

피츠버그 칼톤 하우스에 있던 캐트린의 라디오 스튜디오.

제 **5** 장

은사(gift)는 선물(present)입니다

제 5 장
은사(gift)는 선물(present)입니다

은사의 진정한 의미를 어떻게 설명해야 좋을까요?(그것도 소위 "조건부"가 아니라 그 은사의 배후에 있는 어떤 의도도 없이).

은사를 주시는 것에 대한 진정한 의미를 모르고 살다가 그리고 죽어가는 사람들이 있습니다. 성령께서 주실 때, 그것은 정말 주시는 것이어서 그분이 주시는 은사는 순수한 사랑에 의해서입니다. 우리가 하나님으로부터 받는 경험을 하기까지는 주시는 분에 대해서 진정으로 아는 것은 없으며, 또 주신다는 것은 어떤 것인가를 이해할 수 없습니다.

하나님께서 준비하신 최고의 것을 내가 얻고자 하고, 하나님의 은사를 진심으로 사모하면서 구하는 것은 하나님만이 알고 계십니다. 나는 은사를 사모하면서 구할 수는 있지만, 하나님의 말씀에는 우리가 하나님의 은사를 "구걸"해야 한다고는 어디에도 기록되어 있지 않습니다. 하나님이 주시는 것은 하나님께서 자발적으로 행하시는 것이며 그분의 위대한 마음에서 행하여 지는 것입니다.

나는 하나님을 기뻐하시는 삶을 살려고 하고, 그런 가운데 있기를 원하지만 그렇지만 어떻게 그런 말을 할 수 있겠습니까?

나는 내가 그것에 "합당하다"는 말을 사용할 수 없습니다. 왜냐하면 하나님의 은사는 우리가 그것을 받을만한 가치가 있기 때문에 주어지는 것이 아니기 때문입니다. 하나님의 은사는 우리가 받기에 "합당하기" 때문에 주어지는 것이 아닙니다. 우리들 가운데 어느 누구도 하나님의 축복을 받을 만한 가치가 있는 사람은 없습니다.

다른 말로 표현하면, 우리는 은사를 구하기 위해 뭔가를 행하는 것은 불가능합니다. 즉, 은사는 주시는 분께서 주시길 원하시기 때문에 주어지는 것이어서 그 은사는 그분의 마음으로부터 말미암는 것입니다.

한 가지 예를 들어 보겠습니다. 여러분은 여러분에게 돈을 지불해 주는 사람을 위해서 일합니다. 하루에 몇 시간이나 일을 합니다. 여러분은 돈을 벌어 당신의 급료를 받지만, 선물은 이것과 다릅니다. 선물은 여러분이 그것을 위해 일한 적이 한 번도 없는데 받게 됩니다.

그것은 여러분이 그 선물을 요청했기 때문에 주어지게 된 것도 아닙니다. 선물이 주어지는 것은 주는 쪽에서 그 선물을 주기 원했기 때문이며, 그것을 줌으로써 그 주는 쪽에서 선물을 받은 여러분이 기뻐하는 것과 동일한 기쁨을 받습니다.

완전히 동일한 방식으로 성령께서는 자신의 은사를 주시는 것을 관장하고 계십니다. 그분은 각각의 은사 그 자체도 관장하십니다.

고린도전서 12장 7절을 펴 주십시오.

"각 사람에게 성령을 나타내심은 유익하게 하려 하심이라"

성령의 은사는 "성령의 나타내심(manifestation)"

으로 불리워지는 것을 우리는 여기서 알 수 있습니다.

"성령의 은사"가 역사하는 것을 우리가 보는 곳에서는 어디에서도 - 그것이 치유의 은사이든, 믿음의 은사, 기적의 은사, 지혜의 은사, 지식의 은사이든 - 언제나 그것은 "성령의 나타나심"이라는 사실을 기억해 주십시오.

그러므로 누군가에게 성령의 은사가 주어져 있고 그 사람이 자기에게 은사가 주어져 있다는 것을 알고 있다면, 그는 그 은사를 과장해서 말하거나, 자랑하지 않을 것입니다. 왜냐하면 그 사람은 그 은사가 자신으로부터 말미암은 것은 전혀 아니라는 사실을 인식하고 있기 때문입니다. 그것은 성령의 나타나심입니다.

성령께서는 한 몸을 통하여 이러한 놀라운 일들을 행하십니다. 그것은 성령께서 축복으로써 주시는 어떤 자연적인 능력이 아닙니다. 한 사람 한 사람이 드리는 모든 것은 몸이며, 그릇이며, 기꺼이 하려고 하는 의지이며, 몸과 혼과 영을 완전히 복종시키는 것 뿐입니다.

예수님은 친히 지상에서의 사역에서 사용되시기 전에 성부와 성령께 완전히 복종하지 않으면 안되었습니다.

십자가형에 직면하셨던 겟세마네 동산에서의 최후의 몇 시간에 이르기까지 아버지 하나님의 의지(뜻)과는 별개의 의지를 가지셨던 예수님은 자신의 의지를 아버지 하나님의 의지에 복종시키지 않으면 안되었습니다.

"그러나 나의 원대로 마시옵고 아버지의 원대로 하옵소서"(마 26:39)

우리가 자신을 하나님께 완전히 복종시킬 때, 하나님은 그 항복한 그릇을 취하셔서 사용해 주십니다. 그러나 그것을 행하시는 것은 "하나님의 능력"입니다. 성령께서 친히 그 나타나심을 주시는 분입니다.

나의 인생에서 내가 은사를 가지고 있다고 고백했던 적은 한 번도 없다는 것을 하나님은 알고 계십니다. 성령께서 나에게 맡겨 주신 것은 무엇이라도, 매우 거룩한 것이며, 매우 귀중한 것이며, 보물과 같은 것이라고 생각합니다. 그것은 성령의 나타나심이어서 캐트린 쿨만에게서 나오는 어떤 것도 아닙니다.

지금까지 살았던 성도들 가운데 자기 스스로 자만할 수 있는 뭔가 자기에게서 말미암은 것을 가지고 있었던 사람은 단 한 명도 없습니다.

바울은 모든 시대를 통하여 가장 위대한 영적 지도자 중 한 사람이지만, 그의 인생을 통하여 나타났던 성령의 은사에 관하여 자만하는 듯한 말은 한 마디도 하지 않았습니다. 왜 입니까? 그것은 사람이 거룩함 가운데 자기를 성별하여 더 깊이 나아가면 나아갈수록 하나님의 능력없이 자신은 아무것도 아니라는 사실을 깨닫게 되기 때문입니다.

성령의 나타남이 없으면 사람은 단지 육과 혈과 뼈에 지나지 않습니다. 그 능력을 주시는 분은 영, 즉 성령입니다.

그러므로 성령의 은사는 "성령의 나타나심"이라고 불리워집니다. 사도들이 초자연적인 역사를 일으킬 수 있었던 것은 그들이 성령에 의해 움직였을 때 뿐이었습니다. 예수님 자신도 그토록 위대하고 강력한 은사를 행하셨던 것은 성령에 의해 움직였을 때 뿐이었습니다.

　베드로와 요한이 미문이라 불려지는 곳에서 앉은뱅이 남자를 만났던 - 사도행전 3장 1-11절에 있는 - 놀라운 사건을 우리는 모두 읽은 적이 있습니다. 의심할 바 없이 베드로는 그때까지 수십번이나 그 앉은뱅이 남자를 보았던 적이 있을 것입니다.

　그 남자는 날마다 미문에서 구걸을 하는 사람들 가운데 있었기 때문입니다. 사도들은 예루살렘에서 교회를 설립한 후, 이 사람이 치유받기 훨씬 오래 전부터 성전에서 매일 모였기 때문입니다.

　그렇지만 베드로가 성령에 의해 움직이고 비로소, 그는 그 남자에게 말을 걸었습니다. 그 순간 성령은 베드로 위에 임하시고 베드로는 성령에 의해 그 놀라운 치유의 은사를 받게 된 것입니다. 만일 베드로가 그 남자를 성령의 나타나심 없이 치유하려고 했다면 아무일도 일어나지 않았을 것입니다. 성령 없이, 그리고 성령의 은사 없이는, 그리고 성령의 권능 없이는 베드로는 하나님의 은혜로 구원받은 한 명의 평범한 그리스도인이었습니다. 그것은 우리 자신에게서 나온 어떤 것이 전혀 아닙니다.

"너희 안에서 행하시는 이는 하나님이시니 자기의 기쁘신 뜻을 위하여 너희에게 소원을 두고 행하게 하시나니"(빌 2:13)

우리 모두가 잘 알고 있듯이 태어나면서부터 재능이나 능력이 있는 사람들이 있습니다. 태어날 때부터 뛰어난 지성이 있고, 다른 사람들보다 머리가 뛰어납니다. 여러분의 가족중에 - 여러분의 자녀들 가운데 일지도 모릅니다만 - 다른 사람보다 머리가 우수한 사람이 있을지도 모르겠습니다. 그 사람은 같은 부모에게서 태어나고 같은 가정, 같은 환경에서 양육받고 조건은 동일했습니다. 그래도 그 사람은 학교에서 공부하여 좋은 성적을 얻는 것이 쉽습니다. 형제나 자매가 평균적인 성적을 얻는 것보다도 쉽지만, 다른 자녀들도 열심히 공부하는 아이입니다. 이해하시겠습니까? 이해하지 못하는군요.

반면에 성령의 은사에 대해 이야기할 때는 태어나면서부터 머리가 좋은 사람들에 대해서 이야기하는 류의 것은 아닙니다. 초자연적으로 주어지는 것에 대해서 이야기합니다. "태어났을 때의 상태"에서는 특별히 은사를 가지고 있지 않은 사람일지도 모르지만, 영적인 것에서 그들은 학위를 많이 가지고 있는 사람들이나 신학교에 다녔던 사람들보다도 하나님의 말씀에 대해서 보다 많이 알고 있고, 성경을 더욱 잘 이해합니다. 그 차이는 무엇일까요? 그것은 바울이 고린도전서 12장에서 말하고 있는 것과 동일한 것입니다. 즉, 성령께서 초자연적으로 주시는 것입니다.

고린도전서 12장 1절을 펴서 바울이 말하고 있는 것을 읽어보십시오.

"형제들아 신령한 것에 대하여 나는 너희가 알지 못하기를 원하지 아니하노니"

이렇게 하는 말에서 바울은 거듭나지 못한 사람들에게 말하고 있는 것은 아니라는 사실을 알 수 있습니다. 그는 영적인 것에 대해서 전혀 아무것도 알지 못하는 사람들에게 말하고 있는 것이 아닙니다. 그는 그리스도의 몸의 지체들에게 말하고 있는 것이며, 그들이 알지 못하는 어떤 주제를 다루고 있습니다. 바울이 그들에게 알기 원했던 것은 자기가 말하고 있는 은사가 그들의 것이 될 수 있다고 하는 것이었습니다.

　만일 당신이 건전한 그리스도인이어서 당신의 생활에 영적 성장이 있다면, 만일 당신이 승리하는 그리스도인으로서 매일의 삶을 살고 있다면, 당신의 마음 속에는 더욱 더 예수님을 구하는 열망과 더욱 더 성령을 구하는 열망이 있을 것입니다.

　당신이 만족하고 있지 않다고 해서 자신의 마음 깊은 곳에 더욱 하나님을 구하고, 더욱 하나님의 말씀을 알고 싶어하는 마음에서 갈급함과 열망이 있다고 해서 자신이 어딘가 잘못되어 있다는 식으로는 생각하지 말아 주십시오. 그것은 당신이 건전한 그리스도인이라는 사실을 나타내주는 가장 확실한

표시입니다.

만일 당신이 성령에 대한 갈급함이 없다면, 만일 당신이 하나님과의 보다 깊은 체험을 갈망하고 있지 않다면, 만일 당신이 이젠 만족하다는 상태에 도달해 있다면, 당신은 크게 눈을 뜨고 깨어서 깊이 생각해 보지 않으면 안되는 상태입니다. 성경은 이렇게 말씀합니다.

내가 기적의 집회에서 하나님의 영광스러운 권능의 나타나심을 본 후에, 그것보다 더욱 위대한 것을 갈망하는 갈급함을 느끼는 것없이 그 집회를 떠난 적은 이때까지 단 한번도 없었습니다. 왜 그렇습니까? 나는 지금까지 어떠한 방법으로, 어딘가에서 하나님의 역사를 제한해 왔으며, 그리스도 예수 안에는 내가 꺼내지 못한 자원이 있기 때문입니다. 지금까지 살았던 사람들 가운데서 아무리 위대한 성도라도, 하나님께서 그 사람에게 예비해 놓으신 것을 "모두" 받았는 사람은 한 사람도 없습니다.

그러므로 성령을 두려워해서는 안됩니다. 구하십시오. 그렇게 하면 당신은 성령께서 당신에게 가장 적합한 은사를 주신다는 것을 언제라도 확신할 수 있습니다. 성령은 당신의 인격을 보충함 없이, 또는 당신의 열망과 약함을 고려하지 않는 어떤 은사를 주시는 경우는 없습니다. 우리 주님은 언제나 현명하게 주시는 분입니다.

제 6 장

그리스도의 주권

제 6 장
그리스도의 주권

고린도 교회 그리스도인들의 종교적 배경은 바울이 유대교 안에서 받았던 훈련과는 크게 다른 것이었습니다. 그들이 아직 회심하지 않고 있었을 무렵은 살아계신 하나님에 대해서, 모세의 율법에 대해서, 그리고 구약의 선지자들을 통하여 행하셨던 기적들에 대해서 그들은 아무것도 알지 못했습니다.

"너희도 알거니와 너희가 이방인으로 있을 때에 말 못하는 우상에게로 끄는 그대로 끌려 갔느니라"

(고전 12:2)

여기서 바울은 "끌려가다"라는 말을 사용하여

사단적인 능력을 암시하고 있습니다. 모든 우상숭배의 배후에는 사단적인 능력이 있습니다.

> "그러므로 내가 너희에게 알리노니 하나님의 영으로 말하는 자는 누구든지 예수를 저주할 자라 하지 아니하고 또 성령으로 아니하고는 누구든지 예수를 주시라 할 수 없느니라"(고전 12:3)

사도 바울이 그리스도교와 인간의 연구에 의한 모든 가르침 사이에 분명한 선을 긋고 있는 것을 확실히 알 수 있습니다. 성실하게 살면 된다고 하는 것만으로는 충분하지 않습니다. 왜냐하면 누구라도 잘못된 것에 성실할 수 있으며, 매우 종교적인 사람이 될 수도 있습니다. 더할나위 없이 종교적이어서 사실 자신의 종교를 지키는 데 매우 성실합니다. 그러나 잘 살펴보면 그 사람은 잘못되어 있는 어떤 것에 대해 성실합니다. 예수 그리스도가 하나님이심을 부정하는 어떤 종교라도, 살아계신 하나님 아들의 구속의 피를 부정하는 어떤 종교라도, 그것은 그리스도교가 아니라, 반 그리스도교입니다. 살아계신 하나님의 아들 예수 그리스도를 어떻게 대하는가 하는 것으로 모든 차이점을 만들어 내게 됩니다.

기독교가, 그리고 기독교만이 예수 그리스도를 하나님의 아들로서 높이며, 그분의 신성(deity)과 신격(divinity)을 받아들입니다.

다른 가르침은 예수 그리스도의 주되심을 부정하고, 예수 그리스도를 저주받은 자로 간주합니다. 왜냐하면 우리가 예수님의 주되심을 인식하는 것은 오직 성령에 의해서이기 때문입니다.

바울이 쓴 고린도서를 읽고, 몇 번이나 '주(lord)'라는 말이 우리의 놀라우신 구세주에 대해 사용되고 있는지 세어 본 적이 있습니까? 이것은 참으로 그리스도의 주되심(lordship)에 대한 편지라고 말할 수 있는 것이어서, 우리는 그분이 주님이신 것, 그분이 우리의 마음과 생활의 절대 주권자이심을 언제나 인식하도록 요청하고 있습니다. 어떤 상황에서도, 성령은 예수님의 주권을 인정하신다는 사실을 기억해 주십시오. 그리고 여러분도 나도, 또 그분의 몸의 지체로서 그분이 우리의 마음과 생각과 삶의 절대 주권자이심을 인정해 드려야 합니다.

이것은 성령의 은사에 관해서도 진실입니다. 우선 맨먼저 은사가 주어지는 목적은 복음을 전하는 것과 교회의 영적 함양(edification)이라는 사실을 기억해야 합니다.

 두 번째로 성령에 의해 주어지는 각각의 은사에 대해서 그분이 주권을 가지고 계신다는 사실을 항상 인정해야 합니다. 그분이 주시는 각각의 은사에 대하여 그분은 절대주권을 가지고 계십니다. 우리는 지극히 높으신 하나님의 종이고 그분이야말로 우리의 주님이십니다.

 그러나 마치 자신이 주이며, 오히려 하나님이 종인 것처럼 행동하는 그리스도인들이 있는 건 아닐가 하고 생각하는 사람들도 있겠지요. 나는 이 말을 무례하게 함부로 하는 것이 아닙니다. 그렇지만 그것은 사실입니다. 나는 이때까지 영적으로 편협한 신앙에 사로잡혀 있는 종교적인 단체들을 보아 왔습니다.

 어떤 그리스도인들의 삶 가운데 영적으로 매우

자부심(pride)을 가지고 있는 것을 보아 왔습니다. 흡사 "그들"이 주권을 쥐고 있는 것처럼, "그들" 자신이 지배자인 것처럼, 그들이 다스리는 자인 것처럼, 주 예수 그리스도는 종과 같은 상태였습니다.

내가 이렇게 생각하는 것은 어떤 사람들의 기도를 들을 때, 사람들이 하나님께 강하게 요구하거나 하는 경우입니다.

나는 두렵고 떨립니다. 여러분, 우리는 티끌로 만들어진 연약한 피조물이며, 우리의 심장의 고동도 하나님께 의존하고 있는 존재입니다. 하나님께 뭔가를 하도록 명령한다는 것이 도대체 웬말입니까! 어느 누구든 인간이 하나님께 뭔가를 하도록 요구한다는 것이 얼마나 어처구니 없는지요!

그분은 전능하신 하나님이시며, 우리는 결코 그것을 잠시라도 잊어서는 안됩니다.

매기 하트너, 캐트린, 이브 콘리

제 7 장

지혜의 운사

제 7 장
지혜의 은사

성령의 은사에 대해서 하나하나 연구해 봅시다. 많은 사람들이 영적 은사 중에서 가장 위대한 것이라고 생각하고 있는 지혜의 말씀(the Word of Wisdom) 으로부터 시작합니다. 하나님은 완벽하시며 절대적인 지혜이시며, 성령의 이 은사를 통하여 하나님은 한 사람 한 사람에게 자신의 일부, 절대적으로 완벽한 것의 일부를 주십니다.

지혜의 은사는 하나님을 섬기기 위해 구별되게 태어나면서부터 주어지는 은사라고 말하는 사람들이 있습니다. 지혜는 모두 하나님으로부터 오기 때문에 어떤 천부적 은사의 성별(the consecration of a natural gift)이 어떤 영적인 나타남이 된다고 그들은 주장합니다. 그러나 그렇지는 않습니다. 만일 그것이 지혜의 말씀의 올바른 해석이라면 성경의 교사는 누구라도, 이 성령의 가장 으뜸가는 그리고 가장 위대한 은사를 가지고 있다고 말할 수 있게 됩니다.

그렇게 되면 주일학교 교사가 그 공과에 대하여 자기의 해석을 하는 것과 경험을 쌓은 어느 성경 강해자가 어떤 중요한 교리에 관하여 깊은 가르침을 행하는 것 사이에 경계선을 긋기가 매우 어려워져 버리게 됩니다.

또 다른 사람들은 자기에게는 태어날 때부터 지혜가 있기 때문에 이 놀라운 지혜의 은사를 가지고 있는 것으로 느끼고, '지혜의 말씀의 은사는 지혜롭게 말하는 능력, 임기응변으로 대처하는 능력, 때에 맞는 말을 하는 능력, 혹은 카운슬링이나 격려를 필요로 하는 사람들을 돕는 능력이다'라고 말합니다. 만일 이것이 지혜의 말씀의 올바른 해석이라면, 그 은사는 우리의 상상 이상으로 많이 나타나고 있는 것이 됩니다. 다른 사람들에 대하여 도움이 되는 말을 줄 수 있는 매우 많은 사람들과, 많은 하나님의 귀한 자녀들이 있습니다. 실제로 우리는 모두 그리스도인으로서 문제와 고난 가운데 있는 사람들을 도와 줄 수 있어야 합니다.

그렇지만 보십시오! 지혜의 말씀은 성령과의 교통에 의해서 하나님의 생각과 계획이 하나님으로부터 초자연적으로 계시되는 것입니다. 완벽한 지혜이신 분은 단 한 분이며, 오직 한 분뿐입니다. 그것은 전능하신 하나님이시며, 삼위일체의 모든 위격을 포함합니다. 즉, 성부 하나님, 성자 예수 그리스도, 그리고 성령입니다. 인간은 어느 누구도 완벽한 지혜를 가지고 있지 않습니다. 솔로몬조차도 그렇다고는 말할 수 없었습니다.

성경이 이 은사에 대해서 어떻게 말하고 있는지 주의깊게 읽어보십시오. 그것은 "지혜의 말씀"이라고 불리워지고 있습니다. 그것은 사람들에게 나뉘어 주어진 하나님의 지혜입니다. 그것은 하나님의 지혜의 말씀의 은사로서 표현될지도 모르겠습니다. 하나님이 자신의 의도를 사람들에게 계시하실 때,

그 사람은 하나님의 완벽한 지혜의 말씀을 소유합니다. 이 성령의 초자연적인 은사와는 전혀 별도로 주님은 신자들을 그들의 매일의 사건들 가운데서 인도해 주시려 하며 어떤 특정 상황에서 구하는 것에 응하여 지혜를 주십니다.

나는 매일의 삶에서 하나님의 지혜를 구하며 기도합니다. 우리는 모두 성령께서 인간에게 주시는 은사도 있고, 그것은 문제 그대로 인간에게 주어진 하나님의 지혜여서 그때 하나님은 자기의 의도를 사람에게 계시하시는 것입니다. 그것은 하나님으로부터 오는 초자연적인 은사이며, 인간의 천부적인 지혜와 능력이 영광을 받아야 할 것은 아닙니다.

제 8 장

믿음의 은사

제 8 장 믿음의 은사

믿음의 은사에 대해 연구를 시작함에 있어서 많은 사람들이 하는 질문에 답해 드리겠습니다.

믿음의 은사는 기적을 행하기 위한 필요인가? 라고 하는 질문입니다. 그 대답은 "아니오"입니다. 나의 대답에 몹시 놀라는 사람이 있을지도 모르겠습니다만, 기억해 주셔야 할 것이 있습니다.

각각의 성령의 은사는 다른 은사에 의존하지 않고 독립적으로 역사한다고 하는 것입니다.

스가랴 4장 6절에서 기록된 하나님의 말씀은 매우 귀중하며 나의 인생에서 없어서는 안될 것입니다.

"만군의 여호와께서 말씀하시되 이는 힘으로 되지 아니하며 능력으로 되지 아니하고 오직 나의 영으로 되느니라"

이 절 앞부분을 보면, 선지자가 등대와 등잔의 불을 보고 제각기 등잔의 불을 다른 등잔의 불에 의존하지 않고 타고 있었습니다. 그러나 등잔의 불은 모두 중심 등대로부터 기름을 공급받고 있었습니다. 그 기름은 바로 성령이셨습니다. 그리고 성령은 각각의 등잔의 불을 계속 타오르게 하고 있던 능력 그 자체이신 분이었습니다.

각각의 등잔불은 다른 등잔에 의존하고 있지 않았지만, 능력의 비결은 성령의 "기름" 안에서 발견되어졌습니다.

마찬가지로 각각의 성령의 은사도 다른 은사에 의존하지 않고 역사합니다. 그와 같이 믿음의 은사에 대해서도, 그것은 기적의 은사와 하나님의 치유, 혹은 육체의 치유와는 관계없이 독립적으로 역사하는 것을 알 수 있습니다. 어떤 사람은 기적의 은사를 가지고 있고, 믿음의 은사를 가지고 있지 않을지도 모릅니다. 또 그들은 반드시 믿음의 은사를 가지고 있다고는 한정할 수 없습니다. 놀랍게도 우리 중 많은 사람들이 선입관을 가지고 있으며, 하나님의 입 안에 없는 말을 넣고 있습니다. 그런 경우 우리의 생각은 하나님의 말씀에 반하는 것이 되어 있습니다.

여기서 중요한 사실을 깨달으십시오.

"다른 사람에게는 같은 성령으로 믿음을, 어떤 사람에게는 한 성령으로 병 고치는 은사를, 어떤 사람에게는 능력 행함을… 주시나니"(고전 12:9-10)

이러한 것들은 전혀 별개의 은사입니다. 믿음을 육체의 치유와 관련 지우려는 사람들이 많이 있습니다. 위대한 믿음의 사람에 대해서 우리가 이야기를 시작하면, 금새 예외없이 그 사람을 기적이나 육체의 치유와 관련지어 버립니다. 그러나 누군가가 믿음의 은사를 가지고 있어도 그 사람은 치유의 기적을 한 번도 본 적이 없을지도 모릅니다!

육체의 치유와는 전혀 관계가 없는 기적도 수천 수만이나 있습니다.

위대한 믿음이 있으면서, 어떤 사람은 믿음의 은사를 가지고 있으면서 그 사람의 인생에서 병자의 치유를 위해 기도해도 어떤 능력도 없는 일도 일어날 수 있습니다.

믿음이란 우리가 가지고 다닐 수 있는 것이 아니고, 주머니에 넣고서는 때대로 꺼내 보고서 감탄하는 그런 것도 아닙니다. 나는 믿음을 조그마한 캡슐에 넣어서 건네줄 수 있다면 얼마나 좋을까 하고 몇 번이나 생각했습니다.

그렇게 되면 여러분에게 믿음이 필요할 때 언제라도 내가 그 작은 캡슐을 보내줄 수 있을텐데… 그렇지만 제가 말씀드릴 수 있는 것은 믿음이란 인간이 만들어 낼 수 있는 것이 아니라는 것입니다.

한가지 예를 들어 보겠습니다. 까마귀가 엘리야에게 떡과 고기를 하루에 두 번씩 날라다 주어 먹였다고 하는 사실을, 사실 그대로 받아들이지 않는 사람들이 있습니다. 그들은 다니엘은 사자굴 안에서 하나님에 의해 보호하심을 받았다는 것을 의심합니다. 또, 세 명의 히브리 소년들이 극렬히 타는 풀무불 가운데서 도우심을 힘입어 구출됐다는 사실을 전혀 믿지 않습니다. 즉, 사드락, 메삭, 아벳느고가 그 자유주의자들의 손에 의해 오랫동안 고통당했던 것입니다. 요나와 물고기에 대해서도 그들은 역시 마찬가지였습니다.

지금 나는 성경 이외의 것이라면 무엇이든 현대적입니다!

나는 하나님의 말씀이 고풍스러운 것만큼 나역시 고풍스런 자입니다. 나는 성경 안에 있는 모든 것을 믿습니다. 나는 사자굴 속에 있던 다니엘만큼 고풍(구식의)사람이며, 요나와 고래만큼 구식의 사람입니다. 까마귀가 문자 그대로 엘리야를 먹였던 것을 나는 믿고 있으며, 나의 머리에는 한 점의 의심도 없습니다.

육체의 치유보다 훨씬 위대한 기적이 있습니다.

그것이 아무리 위대할지라도, 나는 육체의 치유의 위대함을 경시하는 것은 아닙니다.

하나님이 모세에게 홍해 위에 지팡이를 들도록 명령하셨을 때, 물을 가르기 위해 기적의 은사가 필요로 되고, 모든 사람들이 마른 땅을 다 건너갈 때까지, 건너가기 위해서 아무것도 없는 상태를 계속 유지하기 위해 성령의 두 번째 은사로서 믿음의 은사가 역사했다고 나는 믿습니다.

다니엘은 사자굴 속에서 믿음의 은사의 감격(thrill)을 알고 있었습니다.

사드락과 메삭, 아벳느고는 타오르는 풀무불 속으로 던져 넣어졌을 때, 믿음의 은사의 전율을 알고 있었던 것입니다.

느브가넷살 왕이 자신의 건장한 부하들에게 이 세 명의 히브리 소년들을 결박하여 타오르는 풀무불 속에 던져 넣으라고 명령했을 때, 이 세 사람의 마음 속에는 한 점의 두려움도 없었다고 나는 믿고 있습니다.

엘리야가 불이 물을 태워 마르도록 기도했을 때, 그리고 그가 바알 선지자들에게 도전했을 때, 하나님은 엘리야에게 믿음의 은사를 주셨다고 나는 믿습니다. "믿음"의 은사란 성령의 가장 영광스러운 은사들 가운데 하나이고, 위험한 상태 중에서 이 은사가 역사하는 일이 종종 있습니다.

　나의 사역과 함께 해왔던 사람들은 하나님의 진정한 성도인 죠지 뮬러를 내가 존경하고 있다는 사실을 알고 있을 것입니다. 그가 인생에서 믿음의 은사가 역사하는 것을 의식하고 있었는지 아닌지는 나는 알지 못하지만, 하나님은 이 사람에게 믿음의 은사를 주셨다고 나는 확신합니다. 그는 세계에서 가장 큰 고아원 중 한 곳을 운영하고 있었습니다. 죠지 뮬러는 재정을 위해 사람들에게 구걸하는 것을 거부하고, 이 고아원을 유지하기 위해 사람들에게 접근하는 것은 하지 않았습니다. 그런데 그 고아들은 단 한끼도 결식하는 일은 없었습니다.

　그를 가장 잘 알고 있는 사람들을 포함해서, 어느 누구라도 말할 수 있었던 것은 죠지 뮬러는 한 번도 염려한 적이 없고, 누가 식사에 필요한 기금을 준비해 줄 것인가 하고 염려하며 잠들지 못한 적은 한 번도 없었다고 하는 것입니다. 그에게는 믿음의 은사가 주어져 있었습니다. 필요가 있을 때나 위태로울 때, 믿음의 은사는 평안과 조용함을 가져다오는 것입니다.

그러므로 종합해 보면 믿음의 은사란 그것을 가진 사람의 경험에서 성령의 초자연적인 역사이며, 그것은 그 사람이 보호받기 위해, 그 사람의 필요가 준비되기 위해 하나님을 흔들림 없이 계속 신뢰할 수 있도록 하는 것입니다. 믿음은 하나님으로부터 주어지는 은사, 성령의 은사입니다.

제 9 장

기적의 은사

제 9 장 기적의 은사

하나님의 여러 가지 은사는 신뢰되고 의탁되어진 것이며 사람의 손 혹은 몸에 신뢰하며 주어진 것입니다.

이것을 결코 잊어서는 안됩니다. 성령의 어떤 은사도 개인적인 영광을 위해, 혹은 "과시하기 위해" 주어진 것은 결코 아닙니다. 성령은 단지 한 분을 높이며, 그분께 영광을 돌립니다. 그분은 바로 예수 그리스도, 살아있는 하나님의 아들입니다. 예수님이 친히 성령은 "나에게 영광을 돌린다"라고 말씀하셨습니다. 그리고 성령은 예수님에게만 영광을 돌리고 예수님만을 높이시도록 하고 예수님에게만 주의를 향하게 하십니다.

그러므로 성령께서 이 놀라운 위임을 사람들에

게 주실 때, 성령께서 이 위임을 사람들의 손이나 몸 가운데 두실 때, 만일 그 사람이 그 은사를 자신에게 영광을 돌리기 위해, 뭔가의 개인적 이익을 위해, 혹은 뭔가 사람들의 눈길을 끌만한 어떤 것을 위해 사용한다면 그 사람은 질서에서 벗어나 있음을 알 수 있습니다. 그 때문에 바울은 고린도전서 12장에서 **"신령한 것에 대하여 나는 너희가 알지 못하기를 원하지 아니하노니"** 라는 말로써 쓰기 시작합니다.

각각의 은사는 주님께 복종하는 가운데서 쓰여져야 하며, 어느 은사를 사용할 때도 주님께 권위가 있다는 사실을 인식하지 않으면 안됩니다.

이 기적의 은사에 관한 연구를 시작하면서 기적의 은사와 치유의 은사를 혼동하지 않도록 매우 주의 깊게 임하여 주십시오. "기적"이라는 말이 사용되면 언제라도 하나님의 치유와 필연적으로 결부되게끔, 사고가 훈련 되어온 사람들이 너무나도 많은 것은 놀라운 일입니다. 그러나 치유의 은사와 믿음의 은사와 기적의 은사는 제각기 서로 다른 별개의 것들입니다. 왜냐하면 성경은 **"어떤 사람에게는 능력**

행함을…"라고 말씀하고 있기 때문입니다. 그러므로 기적의 은사와 치유의 은사는 동일한 것이 아닙니다. 또 마찬가지로 치유의 은사는 믿음의 은사와 동일하지 않습니다.

그렇다면 기적의 역사(the working of miracles)란 무엇입니까? 무엇이 기적의 은사입니까?

그것은 하나님의 권능의 초자연적인 나타남이며, 그것으로 인해 자연법칙이 변하거나, 혹은 콘트롤되어 버리는 것입니다. 하나님은 지금도 여전히 위대한 창조자이십니다. 그분은 지금도 여전히 전능하신 하나님입니다. 그에게 불가능한 것은 아무 것도 없습니다. 자연의 능력을 콘트롤하는 것은 하나님의 권능 안에 있다는 사실을 우리는 잊어버리고 있습니다. 자연법칙을 변화시키는 것이나 우주의 법칙을 변화시키는 것은 지금도 여전히 하나님의 권능에 있다는 사실을 우리는 망각하고 있습니다.

사람들은 왜 기적적인 것에 매우 놀라는 것일까요? 인간이 초자연적인 것에 접촉하는 것을 받아들이길 거부하려고 생각하고 제한해 버리는 것은 왜입니까? 하나님은 모든 것을 창조하신 분, 우주를 조성하신 분, 모든 육체를 창조하시고 첫 사람 아담의 코에 생명의 숨결을 불어 넣으신 분이며, 하나님은 자신의 법칙, 자연법칙을 바꾸시는 능력을 소유하고 계십니다. 하나님은 지금도 여전히 콘트롤 하고 계시며, 기적의 역사는 하나님 권능의 초자연적인 나타남이어서 그것에 의해 이러한 법칙들이 콘트롤 되던가 혹은 변화되는 것입니다.

좀더 나아가 봅시다. 기적은 하나님의 주권적인 역사이며, 하나님의 권능의 나타남이며, 하나님으로부터 받은 메시지를 입증하기 위해 주어지는 것입니다. 다만 "과시"하기 위해 혹은 기적을 행하는 사람에게 사람들을 끌어들이기 위해 하나님이 기적을 행하시는 것은 한 번도 없습니다. 하나님이 기적을 행하시는 목적은 사람들에게 하나님의 메시지를 입증하는 것입니다.

오늘날보다도 구약시대가 보다 위대한 기적의 증거가 있었던 것은 분명합니다. 당시는 왜 기적의 은사가 많이 나타났었을까요? 그것은 우선 첫 번째로 오늘날은 우리에게 영적인 빛이 보다 많이 주어져 있기 때문입니다. 우리에게는 성경이 있습니다. 문자 그대로 기록된 하나님의 말씀이 우리에게는 있습니다. 구약의 성도들은 우리처럼 성경을 가지고 있지는 않았으며, 초대교회 그리스도인들도 안내서로서 신약성경을 가지고 있지는 않았던 사실을 알고 있습니까? 선지자들에게 주어졌던 하나님으로부터의 권위는 그 선지자가 행하는 기적에 의해 사람들 앞에서 확실케 되었습니다. 그렇기 때문에 구약시대에는 기적이 많이 나타났습니다. 그러므로 한마디로 말씀드리면, 기적은 선지자들의 신임장과 같은 것이었습니다.

　기적을 통하여 하나님을 섬기는 것을 이해하기 위하여, 우리가 연구하여 분명히 하기 위해, 기적의 은사가 기록된 네 시대를 성경의 역사속에서 보기로 하겠습니다.

　(1) 모세가 이스라엘 백성들은 애굽의 속박 가운데서 인도냈던 시대
　(2) 엘리야와 엘리사에 의해 행해졌던 기적들
　(3) 예수님의 역사
　(4) 오순절 날

⊙ 모세를 통해 행하여진 기적

출애굽기 7장 9절을 펴서 하나님이 이스라엘 백성을 애굽의 속박에서 인도해 내도록 명령하신 부분을 읽어 봅시다.

"바로가 너희에게 이르기를 너희는 이적을 보이라" 말할 때, 너는 아론에게 **"너의 지팡이를 들어서 바로 앞에 던지라 하라 그것이 뱀이 되리라"** 바꾸어 말하면 모세가 바로 앞에서 하나님으로부터 받은 권위를 확실케 하기 위해 이 기적은 사용되었습니다. 모세는 하나님의 보내심을 받았다는 것, 그리고 모세가 하나님의 메신저(messenger)인 것을 바로가 알도록 하기 위해, 그 "지팡이(뱀)"는 그의 신임장이 되었던 것입니다.

"너의 지팡이를 들어서 바로 앞에 던지라 하라 그것이 뱀이 되리라" 이것은 "기적"이었습니다.

하나님께서 역사하시고 허락하시는 각각의 기적에는 그 이유가 있습니다.

하나님이 되는대로 무질서하게(promiscuously) 행하시는 일은 한 가지도 없습니다. 또 하나님께서 모세의 손으로 행하신 기적은 이스라엘 백성을 애굽의 속박에서 해방하는 것과 관련하여 행하셨습니다. 모세에게 기적을 일으키는 권능이 주어진 것은 바로를 위해서이며, 또 이스라엘 백성들에게 표적이 되도록 하기 위해서이기도 했습니다.

출애굽기 7장 3절에서 하나님께서 무엇이라고 말씀하셨는가에 주의해 주십시오.

"내가 바로의 마음을 완악하게 하고 내 표징과 내 이적을 애굽 땅에서 많이 행할 것이나"

그것은 모세가 무언가를 한다는 것이 아니고, 하나님이 모세를 통하여 행하시는 것이었습니다. 성경을 계속 읽어봅시다.

"바로가 너희의 말을 듣지 아니할 터인즉 내가 내 손을 애굽에 뻗쳐 여러 큰 심판을 내리고 내 군대, 내 백성 이스라엘 자손을 그 땅에서 인도하여 낼지라 내가 내 손을 애굽 위에 펴서 이스라엘 자손을 그 땅에서 인도하여 낼 때에야 애굽 사람이 나를 여호와인 줄

알리라"(출 7:4-5)

하나님이 이스라엘 백성을 위해 역사하고 계신 것을 바로와 애굽 사람들은 어떻게 알았을까요? 그들이 알게 된 것은 기적을 행할 수 있는 권능이 주어진 모세의 손을 통해 행해진 여러 가지 표적과 기적에 의해서였습니다. 또 이스라엘 백성들은 모세가 하나님이 임명하신 통치자이며 지도자인 것을 어떻게 알았겠습니까? 그들은 어떻게 확신할 수 있었을까요? 그들은 어떤 증거를 얻었을까요? 사람의 본성을 알고 계신 하나님은 그들에게도 외적으로 드러난 표적이 필요하다는 것을 아셨습니다. 그래서 모세의 손에 의한 기적에 의해서, 그 증거가 주어졌던 것입니다. 모세는 애굽의 속박으로부터 이스라엘 백성들을 해방하기 위해서 하나님께서 임명하신 지도자인 것, 그리고 모세는 하나님께서 택하신 그릇이라는 것을 그 여러 가지 기적이 확증했던 것입니다.

⊙ 엘리야와 엘리사에 의해 행해진 기적

한 가지 이상의 영적 은사가 동시에 역사하는 예를 성경에서 많이 볼 수 있습니다. 믿음과 기적의 은사는 전혀 별개의 성령의 은사이지만, 종종 함께 역사합니다.

모세가 이스라엘 백성을 인도하여 홍해를 건너가게 했을 때, 이런 두 가지 은사가 함께 나타났습니다. 또 이러한 두 가지 은사는 갈멜산에서 바알 선지자들과 대결했던 엘리야를 통하여 동시에 역사했습니다. 열왕기상 18장을 펴서, 한 사람을 통하여 하나님의 복수(複數)의 은사가 역사하는 매우 놀라운 예를 직접 읽어보십시오.

엘리야가 하늘에서 불이 내려오게 했던 그날, 나도 거기에 있었다면… 하고 몇 번이나 열망했던 적이 있습니다. 그 산위에서는 뭔가가 매순간 일어나고 있었습니다.

엘리야는 환상을 보고 있었던 것이 아닙니다. 주님의 불이 내려와 번제를 사르고 제단의 돌도, 도랑의 물조차도 살라버린 것은 엘리야가 상상으로 만들어낸 이야기가 아니었던 것입니다. 그것은 실제로 일어난 일이었지만, 한 사람의 위대한 믿음으로 인해 일어났던 것은 아닙니다. 그것은 그 특별할 시간과 필요를 위해 주어졌던 믿음의 은사와 기적의 은사였던 것입니다. 하나님은 엘리야에게 바알 선지자들과 대결하고, 제단을 구축하고 번제를 준비하여, 도랑이 넘치도록 물을 제단 위에 붓는 믿음을 주셨던 것입니다. 그리고 그후에 하나님은 기적의 은사를 주셨던 것입니다!

"또 나무를 벌이고 송아지의 각을 떠서 나무 위에 놓고 이르되 통 넷에 물을 채워다가 번제물과 나무 위에 부으라 하고 또 이르되 다시 그리하라 하여 다시 그리하니 또 이르되 세 번째로 그리하라 하여 세 번째로 그리하니"(왕상 18:33-34) (만일 내가 엘리야 곁에 서 있었다면 네 번 그리하라고 그를 재촉했을지도 모르겠습니다)

"물이 제단으로 두루 흐르고 도랑에도 물이 가득 찼더라 저녁 소제 드릴 때에 이르러 선지자 엘리야가 나

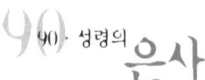

아가서 말하되 아브라함과 이삭과 이스라엘의 하나님 여호와여 주께서 이스라엘 중에서 하나님이신 것과 내가 주의 종인 것과 내가 주의 말씀대로 이 모든 일을 행하는 것을 오늘 알게 하옵소서"(왕상 18:35-36)

하나님이 자신의 능력을 엘리야를 통하여 나타내 보이신 것은 엘리야가 하나님의 종인 것, 또 엘리야가 권위를 받은 것은 친히 하나님으로부터 받았다는 것, 이러한 모든 것은 하나님의 말씀에 의해 하나님의 명령으로 행하여진 것, 그리고 엘리야는 모든 것을 행함에서 하나님의 완전한 뜻 가운데서 행동했다는 것을 백성들이 알도록 하기 위함이었습니다. 이 기적의 은사는 하나님이 한 사람의 손 안에 두신 신탁(信託)이었습니다. 그것은 엘리야의 개인적 이익을 위해서도 또는 과시하기 위해서도 아니고, 하나님께서 높임을 받으시고, 모든 백성이 하나님은 전능하신 하나님이심을 알게 되기 위함이었습니다(왕상 18:39).

또 한 사람의 선지자 엘리사로부터 자연법칙을 변화시키는 하나님의 권능의 놀라운 예를 볼 수 있습니다(왕하 6:1-7).

"선지자의 제자들이 엘리사에게 이르되 보소서 우리가 당신과 함께 거주하는 이 곳이 우리에게는 좁으니 우리가 요단으로 가서 거기서 각각 한 재목을 가져다가 그 곳에 우리가 거주할 처소를 세우사이다"(왕하 6:1-2)

바꾸어 말하면 이 젊은이들은 오늘날 젊은이들 중 어떤 사람들과 매우 닮아 있으며 그들의 부모들이 너무나도 솔직하므로 그들은 가정에서 도망가고 싶어하기까지 생각했던 것입니다.

"엘리사가 이르되 가라 하는지라 그 하나가 이르되 청하건대 당신도 종들과 함께 하소서 하니 엘리사가 이르되 내가 가리라 하고 드디어 그들과 함께 가니라 무리가 요단에 이르러 나무를 베더니"(왕하 6:2-4)

이 젊은들이 숲속에서 나무를 자르는 모습을 상상할 수 있습니까? 그들 중 많은 이들은 그때까지

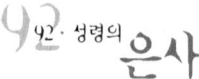

한 번도 자신의 손을 사용하여 일했던 적이 없었습니다.

"한 사람이 나무를 벨 때에 쇠도끼가 물에 떨어진지라 이에 외쳐 이르되 아아, 내 주여 이는 빌려온 것이니이다 하니"(왕하 6:5)

이 젊은이에게 문제가 생기고, 그는 크게 당황했습니다. 그는 어떻게 하려고 하고 있었습니까? 그 도끼는 그의 것은 아니었습니다. 도끼는 자루에서 빠져 요단강에 빠져 버렸습니다. 그것을 다시 취해 내기 위해서 그가 할 수 있었던 것은 무엇일까요?

"하나님의 사람이 이르되 어디 빠졌느냐 하매 그 곳을 보이는지라 엘리사가 나뭇가지를 베어 물에 던져 쇠도끼를 떠오르게 하고 이르되 너는 그것을 집으라 하니 그 사람이 손을 내밀어 그것을 집으니라"(왕하 6:6-7)

이 하나님의 말씀 가운데서, 하나님은 기적의 은

사를 통하여 지극히 짧은 순간, 중력의 법칙을 변화시켰던 것입니다. 그리고 도끼가 문자 그대로 "떠오르도록" 하셨던 것입니다.

⊙ 예수님에 의해 행하여진 기적

신약성경 안에 있는 기적에 대해 공부하면서 성령께서 나의 마음에 자신의 진리를 계시해 주셨을 때, 그것은 내게 신선한 것이었듯이, 여러분에게도 그럴지 모른다는 사실을 염두에 두십시오.

주 예수 그리스도에 의해 행해졌던 은사와 초대교회의 사도들을 통하여 나타났던 은사에는 뭔가 차이가 있습니까? 예수님에 의해서 나타났던 은사와 예수님의 몸의 지체로서 구속함을 받은 모든 사람들. 즉, 예수님의 교회 일부분으로서 오늘날 살고 있는 사람들에 대해서 약속된 은사에 뭔가 차이가 있을까요?

즉시 "예 그렇습니다"하고 대답하는 사람들이 있습니다. 그러한 사람들은 우리 주님에 의해 사용되었던 은사와 제자들에 의해서 나타났던 은사에 차이가 있다고 진심으로 확신하고 있습니다. 이런 질문을 하는 것조차 피하려고 하는 사람들도 있지만 여기서 제가 여러분에게 말씀드리는 것을 주의 깊게 들어주시길 바랍니다.

예수님이 기적을 행하셨을 때, 예수님은 자신이 하나님이신 것을 드러내셨던 것일까요? 혹은 그것은 요단강에서 성령이 비둘기의 모습으로 하늘로부터 내려오셔서 예수님 위에 머무셨을 때 받은 성령의 거룩하신 부여(endowment)의 결과였던 것일까요?

나는 그것을 거듭 거듭 말해왔지만 그것이 진실입니다. 즉, 예수님은 인간이 아니라 하나님이시며, 신성을 소유하고 계셨지만, 동시에 그분은 자신에게 신성은 전혀 없는 인간이기도 하셨습니다. 주 예수 그리스도는 이 지상에 계셨을 때 성령의 권능을 부여받은 다른 사람들과 같은 사람으로서 사역을 하셨던 것입니다. 그분은 자신이 친히 하나님이심을 나타내는 속성을 모두 자신으로부터 벗어버리셨습니다. 그분이 하나님이신 것과 마찬가지로 인간이 되기위해, 그것은 절대적으로 필요한 것이었습니다. 그러므로 예수님의 생애 초기에는 기적이 없었던 것입니다. 요단강에서 그 놀라운 체험을 하시기까지는 기적이 일어나기 시작하는 것은 없었던 것입니다. 예수님의 지상에서의 사역의 시작에서, 요단강의 체험에서는 삼위일체 하나님의 세 위격 모두가 동시에 임재하셨습니다. 하나님 자신이 들리는 음성으로 말씀하셨습니다.

"이는 내 사랑하는 아들이요 내 기뻐하는 자라"
(마 3:17)

다른 말로 표현하면 하나님은 "이는 내 아들이고 인간의 모습을 취하고 있다"라고 말씀하셨던 것입니다. 그순간 성령께서 예수님 위에 완전히 임하시고 여러 가지 것들이 예수님의 생애를 통해 일어나기 시작했습니다. 이때까지 기적같은 건 한번도 일어나지 않았던 곳에서 하나님의 성품 즉, 초자연적인 것들이 그다지 나타난 적이 없었던 장소에서 기적이 일어났던 것입니다.

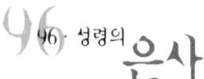

성령께서 예수님 위에 임하시고서 비로소 이런 일들이 일어났던 것입니다. 갈릴리 가나의 혼인잔치에서 예수님은 맨처음으로 기적을 행하신 것을 알 수 있습니다(요 2:1-11).

예수님은 성령으로 세례를 받으신 후에도 그러하셨듯이, 받으시기 전에도 확실히 하나님의 아들이었습니다. 만일 예수님의 기적이 삼위일체 하나님의 한 위격으로서 자신의 능력에 의해서 행하셨다면, 성령이 이 초자연적인 권능으로 예수님에게 기름부으실 필요는 전혀 없었을 것입니다. 예수님은 자신의 하나님으로서의 속성을 벗어버리시고, 이 지상에서의 생애 기간 동안 하나님의 성령으로 기름부으심을 받은 한 사람으로서만 사역을 행하셨던 것입니다.

⊙ 오순절날의 기적

요한복음 14장 12절을 펴서 예수님의 말씀을 읽어봅시다.

"나를 믿는 자는 내가 하는 일을 그도 할 것이요 또한 그보다 큰 일도 하리니 이는 내가 아버지께로 감이라"

이 말씀이 쉽게 이해되지 않는 이유는 문맥에서 벗어나버리는 경우가 종종 있기 때문입니다. 그러나 여기에는 우리가 하나님의 자녀로서 상속하는 매우 위대한 것 중 하나가 있습니다. 예수님은 왜 이러한 말씀을 하실 수 있었을까요? 그것은 여러 가지 기적을 행할 수 있는 것은 자신 안에 계시는 성령의 권능이며 자신을 통하여 성령께서 행하시고 계신다는 것을 충분히 알고 계셨기 때문입니다. 그리고 그 동일한 권능은 예수님의 제자들, 또 여러분과 저에 대해서 약속하셨습니다!

초대교회의 제자들에 의해 행해졌던 여러 가지 기적에 감동받지 않는 사람은 아무도 없습니다. **"하나님이 바울의 손으로 놀라운 능력을 행하게 하시니"**(행 19:11) 것을 우리는 알고 있습니다.

빌립은 이디오피아 내시에게 세례를 베풀고 물에서 올라왔을 때, 주의 영에 의해 옮기워졌습니다.

베드로가 옥중에서 병사들 가운데서 자고, 두 개의 쇠사슬로 결박당해 있을 때, 잠에서 깨어 눈을 뜨고 천사를 보고, 천사에 의해 속박이 풀리고, 안전하게 보초병들을 빠져나와 큰길로 데려져 나오게 되었지만, 여러분도 그 장소에 있고 싶다고 바랐던 적은 없습니까?(행 12:5-11)

그러나 우리는 지금도 여전히 오순절날에 살고 있습니다! 예수님은 약속하셨습니다. **"나를 믿는 자는 내가 하는 일을 그도 할 것이요"** 하나님께서 여러분에게 구하시는 것, 그리고 하나님께서 저에게 구하시는 것은 우리가 우리 자신의 몸을 성령의 전으로서 양도해 드리는 것, 빈 그릇으로서 자신을 넘겨 드리는 것입니다. 하나님이 자기 백성들에 대하여 영적 은사를 주실 때 비천한 자, 가장 어울리지 않는 사람들을 선택하시지 않으면 안되는 이유 중 하나는 하나님 앞에서는 어떤 육의 사람에게도 영광이 돌아가는 일이 없도록 하기 때문입니다.

육의 사람에게는 성령께서 하신 것처럼, 이러한 초자연적인 일들을 행할 능력이 없기 때문입니다.

만일 하늘에 슬픔이라는 것이 있다면, 그것은 우

리가 본래 우리의 것이었던 것, 우리의 것일 수 있었던 것, 하나님께서 우리와 함께 우리 안에서 행하시고 싶어하시는 것 등을 우리가 실제로 보게 될 때 일거라고 생각합니다. 그러나 우리는 너무나 어리석고 비전이 없기 때문에 하나님은 이쪽 저쪽에서 방해받게 되고 제한받아 오셨던 것입니다. 그래도 언제나 우리는 주님으로부터 친히 이러한 약속이 주어져 있습니다. **"나를 믿는 자는 내가 하는 일을 그도 할 것이요"**

왜 그렇습니까? 그것은 성령의 인격 때문입니다. 기적의 영역에는 인간의 이성으로는 설명할 수 없는 것이 있습니다. 그렇지만 우리가 하나님을 인정하고 하나님이 초자연적으로 역사하신다는 사실을 인정할 때, 그런 것들을 믿을 수 있습니다. 성령께서 분명히 나타내시는 것을 발견하는 곳은 어디에서든 우리는 하나님의 초자연적인 것, 즉 하나님의 권능의 나타나심을 발견하게 됩니다.

그렇다면 기적의 역사는 무엇일까요? 그것은 자연법칙이 콘트롤 되거나 변해버리는 하나님의 권능의 초자연적인 나타남입니다.

여러분도 나도 오늘날 우리 생활 가운데서 하나님이 기적을 행하신다고 믿을 수 있습니다. 그리고 하나님은 지금도 보좌에 계신다는 사실을 우리가 받아들이기 때문에 하나님은 우리를 통하여 역사하십니다. 우리는 우리 주 그리스도 예수와 함께 상속자이기 때문입니다. 하나님의 권능을 제한해 버리는 것은 우리들 개개인 편에서 뿐입니다.

하나님의 은사 즉, 성령의 은사는 하나님의 교회를 위해서 있으며, 그리스도의 몸의 지체인 여러분과 저를 위해 있는 은사입니다.

성가대와 함께한 캐트린,
피츠버그에서

제 10 장

방언의 은사

제 10 장
방언의 은사

어느날 아침 내가 우편물을 꺼내보니 매우 눈길을 끄는 봉투가 있었습니다. 그 봉투의 왼편 상단 모서리에 "미 합중국 상원(United States Senate)"이라고 인쇄되어 있었습니다. 열어보니 그것은 어떤 상원의원의 부인이 써 보낸 것이었습니다. 그녀는 우리의 라디오 방송을 듣고 있으며, 한 가지 매우 중요한 질문을 하고 있었습니다. 그것은 여러분도 했던 적이 있는 질문일지도 모르겠습니다. 그녀의 편지에서 조금 인용해 보려고 합니다.

"『방언운동』에 대해서 당신이 라디오에서 하셨던 설명을 듣지 못하고 놓쳐 버렸습니다. 이 문제에 대한 당신의 생각을 알고 싶은 마음으로 가득합니다. 만일 그것이 주님으로부터 오는 것이라면, 누군가가 방언을 말하는 것을 들을 때, 왜 나는 당황하거나 불쾌하게 느낄까요?"

"최근 그 병원에서 이 사람들이 나를 방문해 주었습니다만, 나는 매우 난처하여 당황했습니다. 내가 알고 있는 한 여성은 내가 자기처럼 방언을 말하지 않기 때문에 나를 멸시했습니다. 그녀는 주일학교 교사이며, 종교적인 것이나 기도 모임 등에서는 매우 적극적입니다. 하지만 그녀는 자기가 하고 싶은 대로 살고, 하고 싶은 것은 무엇이든 할 수 있다고 믿고 있는 사람입니다. 왜냐하면 그녀는 그리스도를 믿고 방언을 하면 '무엇 무엇을 해서는 안된다'고 하는 하나님의 명령을 지키지 않아도 된다고 생각하기 때문입니다."

"나는 스스로 이해할 수 없는 것이나, 스스로 경험한 적이 없는 것으로 누군가를 비난할 의도는 아닙니다만, 부디 제 질문에 답해 주십시오. 여러 가지 사정으로 이 문제에 대한 당신의 견해를 듣지 못하고 놓쳐 버렸으므로…"

우선 맨 먼저 말씀드리고 싶은 것은 이 문제에 관한 가르침이 행하여지고 있지 않는 것이 이 놀라운 영적 체험에 많은 비난을 초래하는 이유 중 하나라고 나는 확신한다는 것입니다. 그 때문에, 될 수 있는대로, 알기 쉽게 이 문제를 취급하기로 하겠습니다.

성령으로 충만되는 이 체험이나 방언으로 말하는 것에 대한 건전한 가르침이 오늘날 매우 필요시되고 있습니다. 하나님의 말씀이 무엇을 말씀하시는 지를 우리가 조사해 가는 것은 하나님의 말씀에 대해 반론할 수 있는 사람은 한 사람도 없기 때문입니다. 하나님의 말씀은 하늘과 땅에서 가장 높은 권위이며, 인간이 무엇이라고 가르치든, 신학이 무엇이라고 주장하든, 만일 그것이 하나님의 말씀에 반(反)한다면, 논쟁의 여지가 없습니다. 하나님의 말씀이 언제나 올바릅니다! 이 문제를 살펴봄에 있어서 여러분에게 원하고 싶은 것은 하나님의 말씀에 대해 마음을 여는 것입니다.

그 상원의원의 부인에게 답해줌에 있어서, 처음

에는 꽤 동떨어져 있는 것처럼 생각되는 것부터 시작하도록 하겠습니다. 누군가가 틀림없이 이렇게 말할 것입니다.

"고린도전서 13장과 사도행전 2장 4절에 어떤 관계가 있습니까?" 저의 대답은 이렇습니다. "모두 관계가 있습니다!" 우리가 지금 거론하고 있는 분은, 동일하신 성령입니다.

성령은 인격을 가지신 분이라는 사실을 기억해 주십시오. 성령이라고 하면 즉시 방언, 방언으로 말하는 것만을 떠올리는 사람들도 있습니다! 그런 사람들은 삼위일체 하나님의 권능에 대해서도, 성령께서 주시는 은사의 사역에 대해서도 모르고 있는 사람들입니다.

나는 여러분이 성령의 은사의 사역을 이해하시길 바랍니다.

성령은 확실히 은사를 주시지만, 성령의 은사에 의한 열매, 즉 성령의 열매도 또한 분명히 있습니다. 그것은 그 사람이 가지고 있는 은사가 진짜인지를 우리가 알기 위한 증거이기도 합니다. 마태복음 7장 20절은 **"그들의 열매로 그들을 알리라"**고 말씀합니다.

우리가 주님으로부터 받은 체험이 무엇이든 그 체험은 개인적인 것이어서, 주님과 그 개인과의 사이의 전혀 사적인 체험입니다.

실제의 사건(transaction)은 누구의 눈에도 보이지 않고, 그 사람이 아무리 가까이 있어도, 그 영적인 만남이 진짜라고 입증되는 것은 그 사람의 행동, 생활, 내면에서 생성된 것이 외적으로 드러남에 의해서입니다.

개개인의 구원에 관해서 말하면, 그 사람이 거듭났는지 어떤지는 그 외면적인 나타남을 보면 분명히 알 수 있습니다. 그리고 전적으로 동일하게 성령으로 충만되어 있는 사람의 삶 가운데, 성령의 열매는 분명해 지는 것입니다. 성령께서 문자 그대로 사람의 몸 안에 오셔서 성령의 임재가 대충 얼버무릴 수 없는 외적인 증거를 산출해 냅니다. 그리고 이러한 외적인 확증이야말로 바로 성령의 열매입니다.

⊙ 방언

성령의 여러 가지 열매들을 살펴보기 전에 오순절 첫날에 다락방에서 백 이십 명의 "방언으로 말하기 시작했다"고 하는 체험과 방언의 은사와의 다른 점을 살펴봅시다.

"오순절 날이 이미 이르매 그들이 다같이 한 곳에 모였더니 홀연히 하늘로부터 급하고 강한 바람 같은 소리가 있어 그들이 앉은 온 집에 가득하며 마치 불의 혀처럼 갈라지는 것들이 그들에게 보여 각 사람 위에 하나씩 임하여 있더니 그들이 다 성령의 충만함을 받고 성령이 말하게 하심을 따라 다른 언어들로 말하기를 시작하니라"(행 2:1-4)

예수님은 성령께서 오실 것을 약속하셨습니다. 그분은 제자들에게 성령께서 오실 것을 기다리라고 말씀하셨습니다. 그리고 예수님이 말씀하신 대로, 성령께서 오셨습니다. 사람들은 기다리고 예수님은 친히 하셨던 약속을 지키시고 성령께서 오셨습니다. 그리고 그들은 "**성령이 말하게 하심을 따라**" 방언으로 말하기 시작했던 것입니다.

성령께서 그것을 행하셨습니다. 성령께서 그 역사를 행하실 때는 나는 단지 동의할 뿐입니다. 성령께서 행하시는 어떤 것에 대해서도 나는 "아멘"하고 말할 수 있습니다. 그리고 나는 그것을 받아 들입니다. 그렇지만 그것을 행하시는 주체는 성령이심을 나는 충분히 이해해야만 합니다. 그리고 다음의 것도 성령께서 행하신 것이었습니다.

"**그들이 다 성령의 충만함을 받고 성령이 말하게 하심을 따라 다른 언어들로 말하기를 시작하니라 그 때에 경건한 유대인들이 천하 각국으로부터 와서 예루살렘에 머물러 있더니 이 소리가 나매 큰 무리가 모여 각각 자기의 방언으로 제자들이 말하는 것을 듣고 소동하여**"(행 2:4-6)

이것은 단순히 영적이고 추상적인 어떤 것이 아니었습니다. 그들은 글자 그대로 제각기 자신의 나라 말로 어떤 사람과도 말이 통했던 것입니다.

"보라 이 말하는 사람들이 다 갈릴리 사람이 아니냐 우리가 우리 각 사람이 난 곳 방언으로 듣게 되는 것이 어찌 됨이냐"(행 2:7-8)

하나님의 성령으로 말하고 있는 사람조차 알지 못하는 언어로 말하는 권능이 그들에게 주어진 것입니다! 각 사람이 자기 나라 언어로 다른 사람이 말하는 것을 들었던 것입니다.

그러므로 방언으로 말하는 것은 사람이 배운 적이 없는 언어로 복음을 전하는 능력이며 하나님의 자녀인 그 설교자(preacher)를 성령의 권능 가운데 세우시고, 증거를 하게 하여, 듣는 사람의 언어를 배운 적이 없는데 그 언어로서 가르치거나 말할 수 있도록 한 것입니다. 성령께서 "어떻게" 그렇게 하시는지 나는 알지 못합니다. 그러나 그것이 성경적이다는 것을 나는 알고 있습니다.

⊙ 성령의 열매

나의 친구들이여, 성령으로 충만케 되는 것에는 방언을 말하는 이상의 것이 있습니다. 훨씬 많이 있습니다.

바울은 고린도전서 13장 1절에 이렇게 말하고 있습니다.

"내가 사람의 방언과 천사의 말을 할지라도 사랑이 없으면 소리 나는 구리와 울리는 꽹과리가 되고"

우리는 누구든지 알고 있듯이 "큰 소리"를 내지만 그리스도인으로서의 삶에는 아무런 능력도 없고 열매를 맺지 않고 단지 요란한 소리밖에 없는 그런 사람들이 있습니다. 그러므로 신자의 생활 가운데 나타나는 성령의 열매 몇 가지를 살펴 보도록 합시다.

바울의 "사랑 장(love chapter)" 가운데서 바울이 언급하고 있는 열매입니다.

"사랑은 오래 참고…" 즉, 인내하는 것입니다. 여러분은 자신은 성령으로 충만하다, 자기의 몸은 성령의 그릇이다라고 말할 것입니다. 그렇지만 여러분의 삶 가운데서 그 인내심에 대해서는 어떻습니까?

"**사랑은 온유하며…**" 온유하지 않는 것이 들어올 여지가 없습니다.

"**사랑은 시기하지 아니하며…**" 투기(envieth : 질투)가 생활이나 마음 속에 있으면, 언제나 거하고 계시는 성령의 임재를 발견할 수 없습니다. 그리스도인들 사이에서 가장 많이 퍼져 있는 죄중의 하나는 투기(질투)의 죄는 아닐까 하고 종종 생각합니다. 그러나 성경은 "사랑은 투기하는 자가 되지 아니한다"고 가르치고 있습니다.

"**사랑은 자랑하지 아니하며…**" 사랑은 결코 자랑(boasting)하지 않습니다.

"**사랑은 교만하지 아니하며…**" 자만(pride)으로 가득 찬 것을 의미합니다.

만일 여러분이 진실로 성령으로 충만되어 있다면 완고한 마음(bigotry)과 영적인 자만심으로 다른 사람을 깔보는 일은 없을 것이며, "나는 너보다 영적으로 뛰어나다"고 말하는 경우도, "너보다는 내가 낫다"는 태도도 취하지 않을 것입니다. 누군가가 진실로 성령충만해 있으며, 그 그릇이 거룩한 성전으로 되어 있는 것과 동시에 그 사람의 생활 가운데 영적인 완고함이 있을 수 없다고 나는 믿습니다.

　그리스도인의 모든 은혜 가운데 가장 위대한 것은 겸손입니다. 그러나 우리가 인용한 서신서를 기록한 저자(바울)는 성령으로 충만하다고 스스로 말하면서 영적인 자만심으로 마음이 높아진 사람이 있다고 말하고 있습니다! 이 체험을 했기 때문에 성령으로 충만하다고 말하는 그 사람은 자기보다 하나님은 조금 관대하실 거라고 생각하고 있습니다. 즉 자기는 특별한 입장에 있고, 자기가 뭐든지 하고 싶은대로 할 수 있으며 자기가 원하는대로 멋대로 살아갈 수 있는 허가증 같은 것을 하나님이 주셨다고 생각하는 것입니다. 여기서 그 속담을 다시 한번 떠올려 봅니다.

"당신의 행동이 너무나도 시끄럽기 때문에 당신이 말하는 것이 내 귀에는 들리지 않습니다"

만일 여러분이 생활면에서 실행하고 있지 않으면서 그것을 공공연히 말해서는 안됩니다. 당신이 하는 행동으로 인해, 당신은 다른 사람들에게 걸림돌이 되기 때문입니다. 불신자들이 그리스도인에게 말하는 가장 놀라운 찬사는 이렇습니다.

"나는 이해할 수 없으며, 나 자신은 영적인 사람도 아닙니다만, 당신이 그렇게 생활하고 있기 때문에 당신이 믿고 있는 것은 진짜라고 확신합니다"

다시 한 번 말씀드리겠습니다. 만일 당신이 생활면에서 그렇게 하고 있지 않다면, 그렇다고 말해서는 안됩니다. 당신은 단지 주 예수 그리스도의 역사(work)에 상처만 주고 있을 뿐입니다.

많은 경우 아직 구원받지 못한 사람이 오늘날의 세계에서 만나는 그리스도는 단지 그리스도인 뿐입니다. 당신의 동료나 당신의 이웃이 보는 살아계신 그리스도는 단지 당신을 통해서 뿐일지도 모릅니다.

아직 구원받지 못한 남자와 여자들이 읽는 유일

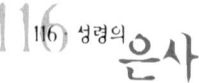

한 성경책은 자기는 거듭난 자라고 공언하는 사람의 삶입니다. 성경은 그것을 언급하고 있습니다.

"내게 사는 것은 … 당신에게 사는 것은 … 우리에게 오늘날 사는 것은 그리스도입니다" 우리는 그리스도를 대표하는 자입니다. 그리고 그리스도는 사랑입니다. 즉, 우리의 삶으로 그리스도의 사랑을 드러내지 않으면 안됩니다. 우리가 증인이 될 수 있도록 해 주시고, 그리스도를 대표하여 그리스도의 사랑을 나타내는 능력을 우리에게 주시는 분은 성령이십니다. 이것이야말로 성령 충만의 진정한 의미입니다. 그리스도인이라는 것의 진정한 의미를 우리는 깨달아야 할 필요가 있습니다. 우리의 임무는 큽니다.

"(사랑은) 무례히 행하지 아니하며 자기의 유익을 구하지 아니하며 성내지 아니하며 악한 것을 생각하지 아니하며 불의를 기뻐하지 아니하며 진리와 함께 기뻐하고" (고전 13:5-6) 자기 중심, 사람을 비난하는 것, 험담 그리고 악의입니다.

"(사랑은) 모든 것을 참으며…" 더 이상 불평을 토해내지 않습니다.

"(사랑은) 모든 것을 믿으며…" 신용하지 않는 것이 더 이상 없습니다.

"(사랑은) 모든 것을 바라며…" 불안, 걱정, 낙심이 없습니다.

결국 성령의 열매는 모두 "사랑"이라는 한 마디로 종합할 수 있습니다.

"내게 사는 것이 그리스도니"(빌 1:21), 그리고 그리스도는 사랑입니다. 이것이야말로 자기 안에 거하시며, 그 사람의 삶을 통하여 친히 자신을 드러내시는 성령을 사람이 가지고 있는 진정한 증거입니다.

여러분은 이웃사람 한 명을 문자 그대로 사랑하여 하나님 나라에 들어가게 하는 것이 가능합니다. 여러분은 사랑으로 여러분의 가족을 그리스도께 인도하는 것이 가능합니다. 성령의 지속적인 임재를 발견할 수 있는 곳은 어디든지 사랑을 발견하게 될 것입니다. 사랑은 모든 것을 이깁니다.

⊙ 방언과 방언통역

우리는 방언의 은사를 공부하고 있는데, 이것은 말하는 사람으로서는 알지 못하는 언어로 말하는 능력이며, 하나님의 성령에 의해서 교회 안에 있는 어떤 사람들에게 주어지는 은사입니다. 이 은사는 동일하게 초자연적인 은사로 통역되는 것도 가능합니다만, 그것은 이러한 발언들을 회중들이 이해할 수 있게 되기 위함입니다. 이러한 은사들은 교회(성도들의 몸)의 떡을 함양하고 또 하나님의 영광을 위해 주어지게 됩니다.

방언 통역의 은사가 방언의 은사와 함께 역사할 때, 이 둘은 예언과 마찬가지입니다. 통역의 은사는 외국어를 자기의 모국어로 그 두 가지 언어를 알고 있는 사람에 의해 해석되는 것과 같습니다.

그것은 성령께서 초자연적으로 주시는 것으로 방언으로 말해지는 언어는 통역하는 사람이 태어나면서부터 알고 있던 것은 아닙니다.

이와 같이 통역은 방언으로 말하는 사람의 말을 주의깊게 듣고 행해지는 것이 아닙니다. 그 통역은 그 통역을 주시는 유일하신 주님께 영을 집중시킴으로 받게 되는 것입니다. 그러므로 이 말은 계시로 주어집니다. 그리고 만일 주의 영이 말씀하시고, 주의 영이 통역하신다면, 그 메시지가 하나님의 말씀에 반(反)하는 경우는 결코 없습니다.

성령께서는 성경에 뭔가를 더하거나, 성경에서 뭔가를 제하시지 않으시고, 모든 것은 완전한 조화를 이루게 될 것입니다. 그리고 방언 은사나, 통역의 은사를 받은 사람은 자기에게 주의를 끌기 위해서 그 은사를 사용하는 경우는 결코 없을 것입니다. 그 은사는 하나님의 영광을 위해 사용될 것입니다.

여러분이 이해할 수 있도록 주님께서 제게 표현할 말을 주시도록 나는 솔직한 심정으로 기도드립니다. 성령의 어떤 은사를 가지고 있는 것을 자랑하는 사람들이 많이 있습니다. 그 사람들은 매우 신성하고 거룩한 것에 대하여 비난을 초래하고 있습니다.

제가 확신하고 있으며, 또 제 자신의 경험으로부터 말할 수 있는 것이지만, 만일 성령께서 누군가에게 은사를 주셨다면 그 은사나 그 신탁(信託:trust)은 그 사람에 대해 매우 신성한 것이 되고, 그 사람이 그 은사를 이용하거나 그 은사로 자만하거나 혹은 그 은사를 과장해서 말하지도 않을 것입니다.

　나는 어느 누구에게도 말할 수 없을 정도로 나는 너무나 신성한 영적인 체험들을 해 왔습니다. 사람은 이런 것으로 자만해서는 안됩니다. 하나님의 성도라면 은사가 주어져 있어도, 어느 누구도 그것을 자신의 수입을 위해 이용하지 않을 것입니다.

　"미스 쿨만, 나에겐 방언의 은사가 있어요"라고 말하는 사람들을 거듭 거듭 만났습니다. 방언으로 말하는 것을 내가 믿는다는 것은, 이젠 여러분이 잘 압니다. 그것은 성경에 있는 것이므로, 나는 그것을 믿어야만 합니다. 그렇지만 거룩한 은사를 받은 사람은 그것에 관해 자랑스럽게 말하거나, 그것을 (자신의 영리를 목적으로) 이용하거나, 그것을 과장하지 않으며, 또는 사람들을 자기에게로 끌기 위하여 그것을 사용하지 않을 것입니다. 자기의 이기적인 유익을 위해, 혹은 사람들에게 인정받으려고 하여 방언을 사용하고 있는 사람들이 너무나도 많이 있습니다.

여러분이 균형을 되찾을 때까지 여기서 잠시 쉬도록 하겠습니다.

그러나 어떤 사람을 이 문제에 대해 목소리를 크게 하여 말할 필요가 있습니다. 우리는 하나님의 말씀으로 되돌아 올 필요가 있습니다. 여러분 가운데는 성경을 꺼내서 "주께서 이렇게 말씀하십니다"라고 하는 말씀 위에 단순히 서는 것이 먼 옛날의 일로 되어버린 사람들이 있을 것입니다. 성경에 "뭔가를 더하는" 사람들이 너무나도 많이 있습니다.

우리는 성경의 진리로부터 벗어난 사람들을 금새 비난하는 것은 여러분은 인정할 것입니다. 강단에 서서 자기는 "현대주의자"로 칭하며 구속(atonement)을 설교하지 않고, 하나님의 신유도, 예수님의 신성(deity)도 가르치지 않는 사람을 우리는 비난합니다. 하나님의 말씀으로부터 벗어나 있는 사람을 규탄하는 것은 쉬운 일입니다. 확실히 하나님의 말씀을 빼먹고 생략해 버리는 죄를 범하는 사람들이 있습니다. 그렇지만 하나님의 말씀에 뭔가를 덧붙이고 있는 문자 그대로 수백명의 사람들도 오늘날 역시 있습니다. 그들은 예수님께서 한 번도 하신 적이 없는 말을 예수님의 입 안으로 밀어넣으며, 마치 예수님이 말씀하신 것처럼 말하고 있습니다.

오늘날 우리의 교회 안에서도, 성령의 은사와 열매가 나타나는 것을 볼 수 있을 것입니다. 예수님이 성부 하나님께로 돌아가셔서 대제사장의 직임에 임하셨을 때, 하나님의 권능이 "꺼져 버렸다(turned off)"고는 어느 누구도 하나님의 말씀으로부터 제시할 수 없습니다.

초대교회에서 일어났던 어떤 일이라도, 바울의 사역 가운데서 나타났던 어떤 것일지라도, 오순절 날 이후에 베드로와 다른 제자들에 의해서 나타났던 동일한 권능은 오늘날의 교회 안에서도 역사하고 나타나야 합니다. 왜냐하면 우리는 여전히 오순절 날과 동일한 시대에 살고 있기 때문입니다. 그렇지만 그것은 어디에서도, 우리가 생각하는 대로 자유롭게 은사를 사용할 수 있다는 의미는 아닙니다.

"예언하는 자들의 영은 예언하는 자들에게 제재를 받나니"(고전 14:32)

만일 누군가가 하나님으로부터 은사를 받았다면 그 사람은 주 예수 그리스도께 계속적으로 복종하여, 그 은사를 유지해야 하며 자신을 성가신 존재로 해서는 안됩니다.

방언 은사를 포함한 모든 은사의 사용에서 복되신 우리 주님의 권위를 인정해야 합니다.

이 문제를 좀더 깊이 다루어 보도록 합시다. 예를 들면 만일 하나님께서 당신에게 어떤 특별한 성령의 은사를 주셨다면, 당신은 그 은사를 언제나 원하는 대로 사용해서는 안됩니다. 다만 주 예수 그리스도께 복종하여 사용하여야 합니다. 모든 은사는 주님 자신께 복종되어져서 사용되어야 합니다.

이것을 기억하여 주십시오. 결코 잊어서는 안됩니다. 성령이 믿는 자들에게 주어진 것은 한 가지 목적, 오직 한 가지 목적을 위해서 인데, 그것은 바로 "섬김(service)"을 위해서입니다!

성령 충만이라는 이 놀라운 체험의 목적을 깨닫지 못하는 사람들도 있습니다. 그리고 그 결과 그들은 성령의 능력을 잘못 사용하고 있습니다. 성령은 섬김을 위해서 주어졌으며, 우리 자신의 개인적 이익이나 즐김(enjoyment)을 위해 주어진 것이 아닙니다! 우리 그리스도인들은 성령으로 충만되어 잃어버린 사람들을 그리스도께 나오도록 하는 책임을 수행해 가는 것입니다.

"성령이 너희에게 임하시면 너희가 권능을 받고"
(행 1:8)

무엇을 위한 권능입니까? 예수님을 증거하기 위한 권능입니다! 누군가에게 다음과 같은 질문을 할 필요는 없습니다. "내가 성령으로 충만되어 있을까요?" 그렇게 질문하는 대신 자신에게 이렇게 질문해 보십시오. "내가 그 체험을 하고나서 나는 몇 사람의 혼을 주 예수 그리스도께 인도해 왔는가?"

"방언으로 말하는 것은 성령 충만의 증거가 아닙니까?"라고 묻는 사람들이 있습니다. 여러분, 성령으로 충만해졌을 때에 방언을 말했던 사람들이 있습니다. 그렇지만 내가 강력하게 말하고 싶은 것은 성경적인 증거는 하늘과 땅에서 최고의 권위를 가지신 예수님 자신의 입에서 나온 말씀이며, 그것은 거짓으로 위조될 수 없는 증거입니다. 즉 **"너희가 권능을 받고…"** 그토록 영광스럽고 그토록 놀랄만한 위대한 권능이 마음을 다스리고, 그 권능이 인간의 입을 취하여 주셔서, 그분의 기름부으심으로 육체를 채워주시는 것입니다! 이 권능을 거짓으로 꾸며 낼 수는 없습니다. 그것을 대치할만한 것은 없습니다. 그것은 증거를 위한 권능이며, 혼을 얻기 위한 권능이며, 사람들을 주 예수 그리스도께로 인도하기 위한 권능입니다.

제 11 장

예언의 은사

제 11 장 예언의 은사

자기를 대수롭지 않는 존재로서 보는 것을 허용해버린 그리스도인들이 있다는 것은 매우 불행합니다. 즉, 이 말의 의미는 성령의 은사는 초대교회에서 끝나버렸다고 가르치는 사람들이 말하는 것을 받아들이고 믿어버린 사람들입니다.

베드로가 하나님으로부터 받았던 것도, 요한이 받았던 것도 초대교회 사람들을 통하여 나타났던 어떤 은사도, 오늘날의 그리스도인들을 위해 존재합니다. 성령에 관하여, 어느 누구에 의해서도 자기 자신을 대수롭지 않게 스스로 간주해 버리는 일이 없도록 하십시오.

예언의 은사는 무엇일까요? 그것은 매우 간단합

니다. 고린도전서 14장 3절에 분명하게 설명되어 있습니다.

"예언하는 자는 사람에게 말하여 덕을 세우며 권면하며 위로하는 것이요"

계시에 대해서는 기록되어 있지 않습니다. 신약 성경에서 예언이 의미하는 것은 "예고(foretelling)" 하는 것이 아니라, 하나님의 말씀과 예수 그리스도의 복음을 "말해내는 것(telling forth)"입니다.

이 예언의 은사에 오게 되면 우리는 매우 혼돈에 빠져버린다고 종종 나는 생각합니다. 자기에게는 하나님의 말씀에 있는 내용을 초월하여 예언하는 어떤 은사가 주어져 있다고 하는 환상에 사로잡혀 있는 사람들이 있습니다. 거기서부터 잘못된 가르침이 파고 들어오게 됩니다.

사랑하는 여러분, 성령은 하나님의 말씀에 기록된 이상의 것을 누군가 개인에게 주시는 일은 결코 없습니다. 그러므로 누군가가 자신은 예언의 은사를 가지고 있다고 말하며 하나님의 말씀에 반(反)

하는 뭔가를 말하거나, 하나님의 말씀에 뭔가를 덧붙인다면 그 사람은 큰 죄를 범하는 것이며, (그 사람을 통하여) 예언되는 것과 성령은 전혀 관계가 없는 것입니다. 거짓 교리나 거짓 종파 등은 그러한 가르침으로부터 생겨납니다. 요한계시록 22장 18절에서는 우리가 미혹되지 않도록 경고가 주어져 있습니다.

"만일 누구든지 이것들 외에 더하면 하나님이 이 두루마리에 기록된 재앙들을 그에게 더하실 것이요"

예언의 은사는 무엇인가에 대해서는 의문의 여지가 전혀 없습니다. 내가 이 은사를 설명하는데 가장 간단한 방법은 그것은 전달(communication)의 은사라는 것입니다.

그 그릇이 성령께 쓰임받고 성령께서 진흙으로 된 입술을 통하여 말씀하시고, 마음을 다스리시며, 하나님 말씀의 진정한 의미를 다른 사람들에게 전달해 주기 때문입니다. 나 자신은 지식의 말씀의 은사와 지혜의 말씀의 은사와 함께 예언의 은사를 열심히 구합니다.

내가 사람들 앞에 서서, 성령의 기름 부으심 가운데, 살아계신 하나님의 말씀을 성령을 통하여 말하기 위해서입니다. 그 살아계신 하나님의 말씀이 나의 음성을 듣는 사람들에게 생명이 되어 그 사람이 그리스도를 구주 또는 주님으로서 영적으로 이해하고 받아들이게 되기 위해서입니다. 사람이 하나님 말씀을 이해하고 성령 충만을 구하고 성경이 살아있는 것이 되어, 그 진리가 분명케 되도록 하기 위해서입니다.

　예수님이 성령의 이러한 놀라운 은사들을 가지고 계셨습니다. 예수님 앞에 앉아 있던 사람들은 모두, 예수님의 말씀을 이해할 수 있었습니다. 그분이 말씀하신 것은 아이들도 알 수 있을 정도로 매우 간단했습니다. 그렇지만 육적인 면에서 말하면, 하나님 말씀은 너무나도 심오하여서 아무리 교양이 있는 사람일지라도 깊이 이해할 수 없었으며 읽어도 이해할 수 없는 것이었습니다. 성경은 온 세상에 있는 다른 어떤 책과도 다릅니다. 오직 성령만이 하나님의 말씀을 분명히 계시할 수 있습니다.

"이를 네게 알게 한 이는 혈육이 아니요 하늘에 계신 네 아버지시니라"(마 16:17)

예언의 은사를 통하여 성령은 그 사람에게 전달하는(communication) 능력을 주십니다. 그리고 그 결과, 듣는 사람은 하나님의 말씀을 이해하고 받아들이며, 영적으로 성장하고, 주님의 깊은 것들에게도 나아가게 합니다.

하나님의 능력으로 병든 몸이 치유받는 것을 보는 것은 놀랍습니다. 그러나 육체의 기적 이상으로 더욱 위대한 것이 있습니다. 내가 알고 있는 가장 위대한 감동은 누군가가 다음과 같이 말하는 것입니다.

"당신이 전하는 하나님의 말씀을 들었을 때, 나는 성경을 이해하게 되었습니다. 하나님 아버지의 사랑과 긍휼을 알게 되었고, 지금까지 알지 못했고, 이해할 수 없었던 예수 그리스도의 성품을 알게 되었습니다"

이것이 바로 오직 성령으로부터만 오는 은사, 예언의 은사입니다.

스웨덴에서 설교하는 캐트린

제 **12** 장

영분별의 은사

제 12 장 영분별의 은사

"어떤 사람에게는 영들 분별함을 …"(고전 12:10)

이 은사에 대한 가르침을 시작하면서 말씀드리고 싶은 것이 있습니다. 어떤 사람들은 이렇게 말합니다. "하나님 말씀에는 모순이 있습니다. 그것은 영들 분별하는 은사와 요한일서 4장 1절에 기록되어 있는 '**영들이 하나님께 속하였나 분별하라**'는 것 사이의 모순입니다"

이 둘은 전혀 같은 것이 아닙니다. 이 둘은 전혀 별개의 것입니다. 요한이 "영들을 분별하라"고 말하였을 때, 그는 바울이 고린도전서 12장 10절에서 기록한 "영들 분별하는 것"과 같은 것에 대해서 말하였던 것이 아닙니다. 그것이 하나님의 영, 그리스도의 영, 성령인지 아닌지, 혹은 사악한 영, 악령의 능력, 다른 영인지 어떤지를 간파하기 위하여 영을 시험하거나 테스트 하도록 신자들이 가르침 받고 있는 것입니다.

우리는 영을 시험하기 위해서는 어떻게 해야 합니까? 우리가 영을 시험하는 것은 기록되었으며, 계시되었으며, 영감된 하나님의 말씀에 의해서입니다. 하나님의 말씀에 반하는 역사를 하는 영은 어떤 영이든, 하나님으로부터 온 것이 아닙니다. 성경이 무엇이라고 말하고 있는지를 아는 것이 매우 중요한 이유 중의 한 가지는 바로 그것입니다. 많은 사람들이 성경에서 벗어나서, 그리스도의 가르침으로부터 동떨어져 버림으로, 말씀의 가르침을 들어도 거의 이해하지 못할 정도에까지 와 있습니다. 성경으로 돌아가십시오! 어떤 교파인가 하는 것에도 불구하고, 당신이 어떤 교회에 출석하고 있을지라도 인간에게는 "주께서 이렇게 말씀하신다"고 하는 하나님의 말씀으로 돌아가야 할 필요가 있습니다. "영을 시험하는 것"에 대해서 요한이 말했을 때, 그는 영을 시험하셔서, 기록되고 계시되고 영감된 하나님 말씀으로 영을 시험하도록 주의한 것입니다.

한편으로, 성령이 주시는 이 은사, 즉 고린도전서 12장에 기록되어 있는 영을 분별한다고 하는 이 놀라운 은사는 "영을 시험하는 것"과는 전혀 다른 것입니다. 다른 영적 은사들과 마찬가지로 영을 분별하는 은사는 태어나면서부터 가지는 판단력이 아닙니다. 태어나면서부터 천성적으로 민감한 사람들이 있습니다. 그들은 천부적인 본능에 의해서 민감하며, 반응이 빠르고 어떤 것에 대해 감수성이 강한 사람들입니다. 그러나 하나님의 말씀이 이 부분에서 언급하는 "영을 분별하는 은사"는 어떤 사람들이 가지고 있는 천부적인 판단력이 아닙니다. 그것은 단순히 사람들 안에 있는 악마의 능력을 탐지해 내는 능력이 아닙니다. 그런 것은 거듭나서 성령충만한 사람은 누구든지 알 수 있는 것입니다. 성령에 민감할 때는 특히 그렇습니다.

영을 분별하는 것에 포함되어 있는 것은 그것과는 다릅니다.

이전에 자신은 영분별의 은사를 가지고 있다고

진심으로 믿는 사람들이 있었습니다. 실제는 그 사람들이 가지고 있었던 것은 사람을 판단하는 영에 지나지 않았습니다. 그들은 자기 이웃 사람들을 판단하고, 교회의 모든 사람들을 판단했습니다. 여러분의 교회에 그런 사람들이 있을지도 모르겠습니다. 그런 사람들은 한 사람 한 사람에 대해서 무엇이 잘못되어 있는지를 말할 수 있는 사람들입니다.

그런 것은 잊어버리십시오! 그것은 성령으로부터 말미암는 것이 아닙니다.

이 영분별의 은사는 어떤 것일까요? 이 은사를 어떻게 정의해야 할까요? 영분별의 은사는 성령의 은사이며, 그것으로 인해 영적인 세계를 볼 수 있게 되는 것입니다.

천사들은 내게 매우 실제적인 존재입니다. 다윗이 **"그가 너를 위하여 그의 천사들을 명령하사 네 모든 길에서 너를 지키게 하심이라"**(시 91:11)고 말했을 때, 그는 사실 그대로 그렇게 말한 것입니다. 바로 지금 이 순간 수 천의 천사들이 있어서 하나님의 백성들을 보호하며, 악의 군대에 대해 싸우는 전선에 배치되어 있다고 나는 믿고 있습니다. 자기를 위해 기도해 주는 경건한 부모도, 성도도 없는 사람을 나는 매우 안됐다고 생각합니다. 하나님이 사람에게 주시는 가장 큰 권능은 기도의 권능입니다.

하나님은 그야말로 수 천만의 천사들을 가지고 있으며, 그들은 하나님의 자녀들을 지키고 보호하며, 보살펴줍니다. 위험이 얼마나 임박해 있는지는 저도 여러분도 거의 알지 못합니다. 주의 사자의 보호가 없었다면 우리는 괴로움을 당했을 것입니다. 이것은 성경적인 것입니다. 그렇지만 나는 천사를 실제로 본적이 있다고 말할 수는 없습니다.

천사가 수많은 하나님의 백성들 앞에 영의 모습으로 나타날지라도 영분별의 은사를 가진 사람들만이 그 천사를 보게 됩니다. 에스겔은 자신을 압도해 버릴 것 같이 놀라운 계시를 받고 보좌 아래 있는 케루빔(cherubim)과 함께 있는 주님의 영광을 보았습니다. 그 외 다른 사람은 아무도 그것을 보지 못하였습니다. 그후 에스겔이 이스라엘 장로들과 함께 집에서 앉아있을 때, 그는 영으로 예루살렘으로 데려가졌으며, 그곳에서 일어나고 있는 여러 가지 것들을 보았습니다. 성령께서 그에게 은사를 주셨기 때문에 그 은사로써 그는 그 도시에서 일어나고 있는 것들을 볼 수 있었던 것입니다. 에스겔 37장에서 그 내용을 읽어보십시오.

스데반이 돌에 맞은 사건은 내가 설명하려고 하는 것의 또 하나의 좋은 예입니다. 하나님의 말씀이 스스로 말씀하는 것이 가장 좋은 것입니다. 사도행전 7장 54-58절을 펴주십시오.

"그들이 이 말을 듣고 마음에 찔려 그를 향하여 이를 갈거늘 스데반이 성령 충만하여 (이것이 스데반이 순교하기 전에 있었던 것임을 기억해 주십시오. 그는 의회(council) 앞에 서 있었고 돌에 맞았던 거리에 있었던 것은 아닙니다. 그는 누군가가 여러분에게 그렇게 생각하게 하는 것처럼 이 순간 죽어가고 있었던 것은 아닙니다. 그는 혼수상태에 빠졌던 것이 아니고, 모든 감각도 그대로 있었습니다) **하늘을 우러러 주목하여 하나님의 영광과 및 예수께서 하나님 우편에 서신 것을 보고 말하되**

보라 하늘이 열리고 인자가 하나님 우편에 서신 것을 보노라 한대 그들이 큰 소리를 지르며 귀를 막고 일제히 그에게 달려들어 성 밖으로 내치고 돌로 칠새"

하나님은 스데반에게 그토록 놀라운 계시의 은사, 영의 세계를 들여다 보는 은사가 주어졌습니다. 그것은 그가 거리로 내팽겨쳐져서, 도시 밖에 있기 전에 있었던 일이며, 돌에 몸이 맞은 것보다도 먼저 있었던 것이었습니다. 그 의회(counsil) 안에는 스데반이 본 것을 본 사람은 장로든 율법학자들, 어느 누구도 없었을 것입니다.

다음 질문을 드리고 싶습니다. 그리고 그것에 다시 한번 대답해 주십시오. 영분별의 은사는 어떻게 정의될까요? 영을 분별하는 것은 그 은사가 주어진 사람이 영적세계 안을 볼 수 있는 성령의 은사입니다.

제 13 장

예수를 보라!

제 13 장
예수를 보라!

성령의 은사에 대한 우리의 공부를 종합해 보는데 고린도전서 2장 1절부터 보도록 하겠습니다.

여기서 바울은 거듭남의 그 놀라운 체험을 한 사람들에 대해서 기록합니다. 성령으로 충만해지는 것에 대해 모든 것을 알고 있는 사람들에 대하여 그는 기록합니다. 그들은 성령의 권능에 관하여 무지하지는 않았습니다.

"형제들아 내가 너희에게 나아가 하나님의 증거를 전할 때에 말과 지혜의 아름다운 것으로 아니하였나니 내가 너희 중에서 예수 그리스도와 그가 십자가에 못 박히신 것 외에는 아무 것도 알지 아니하기로 작정하였음이라 내가 너희 가운데 거할 때에 약하고 두려워하고 심히 떨었노라 내 말과 내 전도함이 설득력 있는 지혜의 말로 하지 아니하고 다만 성령의 나타나심과 능력으로 하여 너희 믿음이 사람의 지혜에 있지 아니하고 다만 하나님의 능력에 있게 하려 하였노라 그러나 우리가 온전한 자들 중에서는 지혜를 말하노니 이는 이 세상의 지혜가 아니요 또 이 세상에서 없어질 통치자들의 지혜도 아니요 오직 은밀한 가운데 있는 하나님의 지혜를 말하는 것으로서 곧 감추어졌던 것인데 하나님이 우리의 영광을 위하여 만세 전에 미리 정하신 것이라 이 지혜는 이 세대의 통치자들이 한 사람도 알지 못하였나니 만일 알았더라면 영광의 주를 십자가에 못 박지 아니하였으리라"(고전 2:1-8)

우리는 교리에 사로잡혀 버린 나머지 주 예수 그리스도를 완전히 놓쳐 버리게 될 위험성이 있음을 자주 느낍니다. 그리스도인 지도자의 대화를 들을 때, 성령의 보다 깊은 것들에 대해서 잘 알고 있는 사람들과 교제할 때, 논쟁거리가 되고 있는 교리에 사로 잡혀버린 나머지 예수 그리스도의 인격을 시야에서 놓쳐 버리는 것에 대해 나는 염려합니다.

그리스도인들이 영적인 것을 토론하는 것을 들으면서 옆에 서 있었던 적이 있습니다. 그리스도인 지도자들이 "영원한 안전(Eternal Security)"에 대한 교리를 토론하는 것이 들렸습니다. 그들은 세례의 양식에 대해서 차이가 있고 방언을 하는가, 하지 않는가로써 차이가 있었습니다. 그들은 성령으로 충만의 맨 처음의 증거에 대해서 의견이 좀 달랐습니다.

세례이든, 성령충만이든, 방언이든, 성령의 다른 어떤 은사이든지, 그런 모든 것들은 하나님의 아들 예수 그리스도보다도 부차적인 것들입니다. 그리고 우리가 교리라고 부르는 이러한 것들은 모두 예수님에 대한 보조적인(complement) 것이어야 합니다.

기억하십시오. 성경전체, 창세기부터 요한계시록에 이르기까지 한 분 예수 그리스도의 계시입니다. 성령은 어떠한 상황에서도 예수님이 높이시는 일에 매우 주의깊은 분입니다. 예수님은 떠나가시기 전에 자신이 하늘로 들리워져서 이 지상에서 거처를 옮기신 후에 성령께서 오신다고 매우 분명히 말씀하셨습니다.

예수님은 "**그(성령)가 내 영광을 나타내리니**"(요 16:14) 라고 말씀하셨습니다. 이것이 바로 성령의 사역입니다!

나는 성경이 가르치는 범위 내에서 교회의 다양한 교리들을 믿습니다. 나는 물세례를 믿습니다. 침례도 믿습니다. 하나님의 능력도 믿습니다. 그렇지만 제가 말씀드리고 싶은 것은 부차적인 이런 몇 가지를 사용하여 가장 중요한 분, 예수 그리스도의 인격을 그림자로 가리워 버린다는 것입니다. 성경은 성령을 분명하게 드러내는 것이 아닙니다. 성경은 처음부터 끝까지 예수 그리스도를 분명하게 제시합니다.

성경에서 예수님보다 중요한 것을 무엇이든지 저에게 보여주십시오. 왜냐하면 그것은 결코 죽지 아니하는 사람의 영혼을 영원히 결정짓는 예수님에 대하여 우리가 하고 있는 것입니다.

하나님의 아들이신 분, 하나님이신 예수님이야

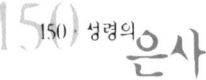

말로 교회의 메시지입니다. 그리고 교회는 이 진리의 기둥이자 토대이며 세상에서 이 진리가 위임되어 있는 장소입니다. 전체로서의 교회도, 그리스도인 한 사람 한 사람도 잃어져가고 죽어가고 있는 세계에 대하여, 살아계신 하나님의 아들을 통하여 구원의 길을 알려주지 않으면 안되는 것입니다.

예수님보다 중요한 것은 아무것도 없습니다.

예루살렘에서

제 14 장

우리의 위대한 대제사장

제 14 장
우리의 위대한 대제사장

사도 바울은 자신의 능력의 근원을 알고 있었습니다. **"내가 너희 중에서 예수 그리스도와 그의 십자가에 못 박히신 것 외에는 아무 것도 알지 아니하기로 작정하였음이라"**(고전 2:2)

그는 하나님도, 하나님의 능력도 분석하려 들지 않았습니다. 그는 예수님을 전하고, 또 예수님만을 전파했습니다.

바울에게 어떤 능력이 있었을지라도, 그가 어떤 것을 습득하였을지라도, 그것과는 별도로 하나님의 권능이 나타나지 않으면 회심도, 생활의 변화도 얻을 수 없으며, 사람들의 삶 속에서 죄의 권능이 깨뜨려지는 일도 있을 수 없다는 사실을 그는 알고 있었습니다.

성령의 권능으로 죄를 인정하게 하고, 변화시켜 주시지 않았으면 아무 일도 일어나지 않았을 것입니다.

바울은 어떻게 그것을 알았을까요? 그것은 예수님 자신이 그렇게 말씀하셨기 때문입니다.

"그러나 내가 너희에게 실상을 말하노니 내가 떠나가는 것이 너희에게 유익이라 내가 떠나가지 아니하면 보혜사가 너희에게로 오시지 아니할 것이요 가면 내가 그를 너희에게로 보내리니"(요 16:7)

그리고 그렇게 되었습니다! 우리가 알고 있는 것처럼 예수님은 하늘로 올라가셨습니다. 즉, 성부 하나님의 우편에서 지금은 위대한 대제사장의 직임에 임하여 계십니다. 그분이 약속하셨던 것이 그대로 되었다고 우리는 어떻게 확신할 수 있을까요?

그것은 하나님의 다양한 계획이 예정대로 계속하여 행해졌기 때문입니다. 성령께서 오셔서 사역을 시작하신다고 예수님께서 말씀하셨듯이 오순절 날에 성령께서 오셨습니다.

"그가 와서 죄에 대하여, 의에 대하여, 심판에 대하여 세상을 책망하시리라 (죄를 깨닫게 하는 그분의 권능) 죄에 대하여라 함은 그들이 나를 믿지 아니함이요 의에 대하여라 함은 내가 아버지께로 가니 너희가 다시 나를 보지 못함이요 심판에 대하여라 함은 이 세상 임금이 심판을 받았음이니라 내가 아직도 너희에게 이를 것이 많으나 지금은 너희가 감당하지 못하리라 그러나 진리의 성령이 오시면 그가 너희를 모든 진리 가운데로 인도하시리니 그가 스스로 말하지 않고 …"(요 16:8-13)

바꾸어 말하면 성령께서는 자기에게 영광을 돌리지 않으신다고 예수님은 말씀하셨던 것입니다. 성령은 자신을 높이시는 것 없이 **"오직 들은 것을 말하며 장래 일을 너희에게 알리시리라 그가 내 영광을 나타내리니 내 것을 가지고 너희에게 알리시겠음이라"**(요 16:13-14)

우리가 무지하기 때문에 때때로 예수님 이외의 신인 하늘 아래 있는 것에 무엇이든 영광을 돌려버리는 경우가 있습니다.

성령의 체험이 있고 없고에 상관없이 당신의 삶 가운데서 하나님의 아들 예수 그리스도 외에 다른 사람이나 인격을 높이고 있다면 그 높이의 주체는 성령이 아닙니다. 왜 제가 이런 말씀을 드리겠습니까? 그것은 예수님 자신이 다음과 같이 말씀하셨기 때문입니다. "성령은 내 영광을 나타내리니…"

성령께서는 다른 인격에게 주의를 끌게 하는 일은 결코 없습니다. 그는 어떤 남자와 여자에도 주의를 끌게 하는 일은 결코 없습니다.

사람이 영적으로 되면 될수록 그 사람은 점점 더 자기 자신에게 눈을 향하지 않게 되고, 예수님을 높여 드리게 됩니다. 성령께서 바울에게 주의를 향하게 하신 적은 한 번도 없었습니다. 바울이 자기 자신에 대해 이야기할 때, 자기는 가장 작은 자, 죄인 중의 괴수로 간주했습니다. 그러나 오늘날 자기의 영성에 의해, 자기 자신에 대해 자만심으로 가득한 그리스도인들을 우리는 보고 있습니다. 예수님이 하신 말씀을 생각해 보십시오. 이것보다 더 큰 권위는 없습니다.

"그가 내 영광을 나타내리니 내 것을 가지고 너희에게 알리시겠음이라 무릇 아버지께 있는 것은 다 내 것이라 그러므로 내가 말하기를 그가 내 것을 가지고 너희에게 알리시리라"(요 16:14-15)

앞에서 언급했던 것을 다시 한 번 반복합니다. 성령께서 행하시는 것은 무엇이든 예수님을 높여드립니다. 만일 당신이 성령의 은사를 받았다면, 그분이 당신에게 맡기신 그 은사가 성령으로부터 온 것이라면 예수님을 높여드리고 영화롭게 해드릴 것입니다. 그 은사는 그분의 지도 아래서 쓰여지며 그분의 통제 아래서 쓰여지게 됩니다. 그 은사가 집회나 교회 안에서 나타나면, 예수님께 영광을 돌리고 예수님을 높여드리는 데만 사용될 것입니다.

성령의 은사는 섬김을 위한 능력이며, 그 섬김은 하나님의 아들 그리스도의 구원에 대한 지식 안으로 사람들을 인도하는 것입니다.

제 15 장

하나님의 비밀

제 15 장 하나님의 비밀

"내가 너희 가운데 거할 때에 약하고 두려워하고 심히 떨었노라 내 말과 내 전도함이 설득력 있는 지혜의 말로 하지 아니하고 다만 성령의 나타나심과 능력으로 하여 너희 믿음이 사람의 지혜에 있지 아니하고 다만 하나님의 능력에 있게 하려 하였노라 그러나 우리가 온전한 자들 중에서는 지혜를 말하노니 이는 이 세상의 지혜가 아니요 또 이 세상에서 없어질 통치자들의 지혜도 아니요 오직 은밀한 가운데 있는 하나님의 지혜를 말하는 것으로서…"(고전 2:3-7)

바울은 성령의 기름부으심 아래서 고린도 교회에 이러한 언급을 했습니다. 그는 문필에 뛰어나며, 학식이 있고 지도자였습니다. 그런데도 그는 두려

위하며, 하나님의 비밀의 위대하심으로 경외하는 마음을 품고 있었습니다. 바울의 두려움은 무엇이었을까요? 그는 육체적인 연약함에 대해 말하고 있는 것이 아닙니다. 그에게는 정신적인 연약함도 없었습니다. 그는 몸에 대한 어떤 해악을 두려워하고 있었던 것이 아니고, 개인적인 적이나 사람들의 비판을 두려워하고 있었던 것도 아니었습니다.

그렇다면 바울은 왜 이런 것을 기록했을까요? 두려움이 있고, 경고가 있었습니다. 여기서 성경말씀을 빌려도 될까요? 즉 "나팔이 불확실한 소리를 내는 일이 없도록" 라고 하는 경고였습니다.

영적인 것들에 직면하게 되면, 우리는 말하고 싶은 것을 표현하는데 적절한 인간의 말을 찾지 못합니다.

바울의 약함과 두려움은 매우 크고 자기 마음에 계시되어졌던 하나님의 비밀을 표현하는데 자기 자신 안에는 너무나도 확신이 없었기 때문에, 또 바울의 영에 가해지는 책임의 중압감이 너무나도 압도적이었기 때문에 그는 떨었던 것입니다.

바울이 말한 이러한 하나님의 비밀은 무엇일까요? 거듭남을 체험하지 못한 사람은 그 소원도 순식간에 변화해 버리는 것을 이해하지 못합니다. 인간이 순간적으로 사망에서 생명으로 옮기워지고, 그리스도 예수 안에서 새로운 피조물이 되는 일이 어떻게 있을 수 있을까요? 그가 이전에 사랑하고 있던 것을 지금은 미워하고 이전에 미워하던 것을 지금은 사랑하는 경우가 어떻게 있을 수 있는 것인지요.

　"사람이 어떻게 거듭날 수 있을까요?"하고 니고데모가 예수님께 질문했습니다. 모든 사람들에게 공통되는 육체적인 태어남이 있습니다. 그렇지만, 또 하나의 다른 태어남이 있는데, 그것은 영적인 출생으로 우리의 선천적인 지성(natural intellect)에는 매우 비밀하고 신비롭습니다. 그리스도를 받아들이면 우리는 거듭나고 우리의 죄는 사함을 받으며, 우리는 사망에서 생명으로 옮겨진다고 하는 것입니다.

오랫동안 술을 마시는 생활을 해왔으므로 몸이 알콜에 절여져 있던 사람이 갑자기 술을 끊는 것은 불가능하다고 의사는 말합니다. 그 육체의 충격이 너무 커서 인간의 몸은 갑작스런 변화에 견뎌내지 못합니다. 그렇지만 그리스도를 구주로 영접했을 때, 술 마시고자 하는 욕구가 사라졌다는 사실을 간증할 수 있는 그야말로 수천명의 남자와 여자들이 있습니다. 알콜을 찾는 그 갈망은 참으로 뿌리로부터 제거된 것이며, 그 사람의 몸의 기관이 깨끗해졌기 때문에 그 사람은 흡사 한 번도 알콜을 가까이한 적이 없는 사람처럼 된 것입니다. 그 사람의 술에 대한 욕구는 오랜 세월을 지나 비로소 정상이 되었습니다.

 나의 친구 여러분, 내가 그들에게 하나님의 말씀을 주리라고 나를 신뢰했던 누군가의 열려진 관 앞에 나의 천부께 드리는 이 단순한 기도 없이는 결코 서지 않습니다.

 "아버지, 저는 그들에게 최선을 다했습니다. 만일 제가 실패했다면 저를 용서해 주시옵소서. 잃은 바 되어 죽어가는 사람들에 대하여 영원한 생명 말씀을 전하는 것에 대한 책임은 오직 하나님만이 아시옵나이다."

바울은 당시의 다른 어떤 영적 지도자들보다도 걸출하게 뛰어났습니다. 그는 율법을 잘 알았으며 모든 면에서 학식이 있었기 때문입니다. 그렇지만 하나님께서 그에게 계시해 주시고, 신뢰하여 맡기게 되자, 영적인 것들과 하나님의 비밀에 관해서 그는 크게 떨며 두려워 졌습니다. 왜 그랬을까요? 그것은 그가 행하였던 것은 성령의 나타나심이고, 초자연적인 권능이었음을 알고 있었기 때문입니다.

아주 잠깐동안 제 마음을 열고 캐트린 쿨만이라는 인간에 대해서 말씀드리고 싶습니다. 그녀가 큰 기적의 집회가 끝난 후에, 즉 병자의 몸에 치유하는데 하나님의 권능이 나타난 것을 본 후에, 강단 뒤에서 무대를 떠나갈 때의 캐트린 쿨만에 대해서입니다.

여러분은 제가 매우 만족하여 보상받았다고 하

는 생각으로 가득차 있다고 느끼고 있음이 틀림없다고 생각하실지도 모르겠습니다. 솔직히 말씀드리지만 나는 "아직 더 많은 것이 있다"고 생각하면서 커다란 두려움과 커다란 떨림으로 그 무대를 떠납니다.

해변에 작은 아이가 서서 이쪽에서 자갈을 하나 줍고 저쪽에서 자갈을 하나 주워서 그것들에 감탄하는 한편, 큰 바다가 내 앞에 일렁이고 있다고 하는 기분이 됩니다. 우리는 단지 표면적인 것밖에 건져내지 못하고 있습니다. 예수 그리스도 안에는 아직 더욱 더 많은 것들이 있습니다. 하나님의 능력 안에는 저와 여러분의 이해를 초월한 학문과 연구를 통해서 배울 수 없는 아직 더욱 많은 것들이 있습니다.

이 하나님의 비밀 가운데는 아직도 더욱 많은 것들이 있으며 그것은 오직 성령을 통해서만 계시되는 것입니다.

하나님의 원천을 말려버린 사람은 아무도 없으며, 하나님이 그 사람의 인생에 준비해 두신 것을 모두 받은 사람도 없습니다.

더욱 많은 것들이 저를 위해 있으며, 더욱 많은 것들이 여러분을 위해서 있습니다. 나는 여러분에게 도전을 드립니다. 여러분이 소유해야 할 것을 오늘 소유하기 시작하십시오.

제 16 장

나의 것은 아무것도 없으며, 모든 것이 당신 것입니다

제 16 장
나의 것은 아무것도 없으며, 모든 것이 당신 것입니다

"아아, 고통스런 아픔과 슬픔.
나는 예수님께 자랑스럽게 말했습니다.
『모든 것이 내 것이며, 당신의 것은 없습니다』

그러나 그분은 나를 찾으셔서
나는 그분을 보았습니다.
저주받은 나무에 달리시어
피를 흘리시는 그분을
나는 동경하는 마음으로 희미하게 말했습니다.
『나의 것은 조금, 당신의 것도 조금』

그분의 부드러운 긍휼, 치유, 도우심, 충만 그리고 자유

날마다 저를 낮아지게 했습니다.
나는 속삭였습니다.
『나의 것은 더욱 조금, 당신의 것은 좀 더 많이』

가장 높은 하늘보다 더 높으시고…
『주님, 마침내 당신의 사랑이 이겼습니다. 나의 것은 아무것도 없으며, 당신의 것은 모두!』"

데오도르 모노드(Theodore Monod)는 꽤 오래 전에 이 시를 썼는데, 그것은 자기 마음 깊은 곳에 있는 것을 표현하고 있습니다.

만일 당신이 예수님께 완전히 항복하지 않았다면 지금 그것을 하십시오. 그분은 빈 그릇을 성령으로 채워 주시고, 당신은 그분의 권능이 나타나는 것을 알게 되며, 그분은 『뜻대로 각 사람에게 나누어 주시며』 그분의 은사를 당신에게 맡겨 주실 것입니다. 그때 당신의 삶은 예수님께 영광을 돌리고, 예수님을 찬양하게 될 것입니다.

그리고 그분의 은사는 모두 성령의 역사이며, 사

람들을 하나님의 아들의 구원하시는 지식으로 인도하기 위한 능력임을 알게 될 것입니다.

하나님께서 여러분을 축복해 주시길!

성령의 은사

인쇄일	2002년 7월 16일
발행일	2002년 7월 26일
5쇄	2018년 5월 30일
지은이	캐트린 쿨만
옮긴이	김병수
펴낸이	장사경
해외마케팅 국장	장미야
마케팅	이현빈
편집디자인	송지혜
펴낸곳	Grace Publisher(은혜출판사)

주소 서울특별시 종로구 종로 65길 12-10
전화 (02) 744-4029 팩스 744-6578
출판등록 제 1-618호.(1988. 1. 7)

ⓒ 2002 Grace Publisher, Printed in Korea
ISBN 89-7917-462-4 04230
ISBN 89-7917-435-7 04230 (세트)

이 출판물은 저작권법에 의해 보호를 받는 저작물이므로 무단 전재와 무단 복제를 할 수 없습니다.